Jörg Uwe Schmidt

Techniken des Rechnungswesens - TDR

Buchführung für Bachelor- und Masterstudiengänge

Mit Lösungen

2016/2017

Copyright:
Jörg Uwe Schmidt
ISBN: 1530182670

Vertrieb:
CreateSpace
a DBA of On-Demand Publishing
LLC
410 Terry Ave North
Seattle, WA 98109-5210
USA
www.CreateSpace.com

Inhaltsverzeichnis

1 Vorwort

Das Buch "Techniken des Rechnungswesens - TDR" umfasst die Themen typische Buchungsfälle im Handelsunternehmen, typische Buchungsfälle im Industriebetrieb, Verbuchung der Umsatzsteuer, Abschreibungen auf Gegenstände des abnutzbaren Sachanlagevermögens, besondere Buchungsfälle, Gewinn- und Verlustverteilung bei ausgewählten Unternehmensformen sowie den Kontenplan für Technik des betrieblichen Rechnungswesens.

Übungsaufgaben sind eingefügt, die auf den Erfahrungen in Klausuren der Verfasser basieren. Insgesamt soll damit eine uneingeschränkte Klausurvorbereitung erreicht werden.

Das Buch richtet sich insbesondere an Studierende der BWL des ersten und zweiten Semesters von Universitäten, Fachhochschulen und Berufsakademien.

Aufgrund der Erfahrungen der Autoren in Lehre und Praxis sollte das Buch für Studiengänge mit dem Abschluss "Bachelor" und "Master" genauso geeignet sein wie für die Anforderungen der Praxis.

Berlin, 2016

Jörg-Uwe Schmidt
M.Sc.

2 Von der Eröffnungsbilanz zur Schlussbilanz

2.1 Das Eröffnungsbilanzkonto

In der Jahrgangsstufe 9 wurden die Anfangsbestände direkt von der Eröffnungsbilanz in die Bestandskonten übertragen. Diese Vorgehensweise widerspricht dem Prinzip der doppelten Buchführung (Sollbuchung an Habenbuchung).

Damit dieser Grundsatz auch bei den Eröffnungsbuchungen nicht verletzt wird, wird zusätzlich zur Eröffnungsbilanz ein Eröffnungsbilanzkonto eingerichtet. Dieses Konto weist eine Besonderheit auf: Es ist ein Spiegelbild der Eröffnungsbilanz.

Aktiva	Eröffnungsbilanz		Passiva
Gebäude	32.000,00	Eigenkapital	61.900,00
Werkstatteinrichtung	23.100,00	Hypotheken	25.000,00
Waren	33.000,00	Darlehen	5.000,00
FLL	9.000,00	VLL	13.200,00
Bank	6.000,00		
Kasse	2.000,00		
	105.100,00		105.100,00

S	Eröffnungsbilanz**konto**		H
Eigenkapital	61.900,00	Gebäude	32.000,00
Hypotheken	25.000,00	Werkstatteinrichtung	23.100,00
Darlehen	5.000,00	Waren	33.000,00
VLL	13.200,00	FLL	9.000,00
		Bank	6.000,00
		Kasse	2.000,00
	105.100,00		105.100,00

Nun können die Anfangsbestände aus dem Eröffnungsbilanzkonto in die entsprechenden Bestandskonten gebucht werden. Die Buchungssätze lauten:

Konten		Soll	Haben
	aktives Bestandskonto	...	
an	Eröffnungsbilanzkonto		...

Konten		Soll	Haben
	Eröffnungsbilanzkonto	...	
an	passives Bestandskonto		...

2.2   Übungsaufgabe zur Wiederholung

Aufgabe

Anfangsbestände

Grundstücke 120.000,00 €; Bauten auf eigenen Grundstücken 85.000,00 €; Betriebs- und Geschäftsausstattung 15.000,00 €; Bank 16.200,00 €; Kasse 5.400,00 €; Verbindlichkeiten aus Lieferungen und Leistungen 25.000,00 €; Eigenkapital ?

Geschäftsfälle

1.	Wir zahlen für Werbematerial durch Banküberweisung	5.300,00 €
2.	Kauf von Schreibwaren für das Büro bar	120,00 €
3.	Zinsgutschrift der Bank	350,00 €
4.	Die Verkaufsprovision für einen Großauftrag geht auf dem Bankkonto ein	11.350,00 €
5.	Zahlung der Geschäftsmiete durch Banküberweisung	1.100,00 €
6.	Die Telefongebühren werden vom Bankkonto abgebucht	215,00 €

➢ Erstelle das Eröffnungsbilanzkonto.
➢ Bilde die Buchungssätze und buche in den Konten.
➢ Schließe die Konten ab und gib das neue Eigenkapital an.

		Konten		Soll	Haben
		Werbe-, Reisekosten		5.300,00	
1.	an	Bank			5.300,00
		Bürobedarf		120,00	
2.	an	Kasse			120,00
		Bank		350,00	
3.	an	Zinserträge			350,00
		Bank		11.350,00	
4.	an	Provisionserträge			11.350,00
		Mieten, Pachten, Leasing		1.100,00	
5.	an	Bank			1.100,00
		Porto, Telefon, Telefax		215,00	
6.	an	Bank			215,00

S	Eröffnungsbilanzkonto		H

S	Grundstücke	H

S	Bürobedarf	H

S	Gebäude	H

S	Werbe- u. Reisekosten	H

S	BGA	H

S	Mieten, Pachten, Leasing	H

S	Kasse	H

S	Porto, Telefon, Telefax	H

S	Bank	H

S	GuV	H

S	Zinserträge			H

S	Eigenkapital			H

S	Provisionserträge		H

S	Verbindlichkeiten a. LL		H

S	Schlussbilanzkonto		H

Lösung

S	Eröffnungsbilanzkonto		H
Eigenkapital	216.600,00	Grundstücke	120.000,00
VLL	25.000,00	Gebäude	85.000,00
		BGA	15.000,00
		Kasse	5.400,00
		Bank	16.200,00
	241.600,00		241.600,00

S	Grundstücke		H
AB	120.000,00	SB	120.000,00

S	Bürobedarf		H
Kasse	120,00	GuV	120,00

S	Gebäude		H
AB	85.000,00	SB	85.000,00

S	Werbe- u. Reisekosten		H
Bank	5.300,00	GuV	5.300,00

S	BGA		H
AB	15.000,00	SB	15.000,00

S	Mieten, Pachten, Leasing		H
Bank	1.100,00	GuV	1.100,00

S	Kasse		H
AB	5.400,00	Bürobed.	120,00
		SB	5.280
	5.400,00		5.400,00

S	Porto, Telefon, Telefax		H
Bank	215,00	GuV	215,00

S	Bank		H
AB	16.200,00	W u. Rk	5.300,00
Zinserträge	350,00	Miet, Pa,L.	1.100,00
Prov.Ertr.	11.350,00	Porto	215,00
		SB	21.285,00

S	GuV		H
Bürobedarf	120,00	Zinsertr.	350,00
W u. Rk	5.300,00	Prov-Ertr.	11.350,00
Miet. P. L	1.100,00		
Po. Tel. Fa.	215,00		

| | 27.900,00 | | 27.900,00 | EK (Gew.) | 4.965,00 | | |
| | | | | | 11.700,00 | | 11.700,00 |

S	Zinserträge		H
GuV	350,00	Bank	350,00

S	Eigenkapital		H
SB	221565,00	AB	216.600,00
		GuV	4.965,00
	221.565,00		221.565,00

S	Provisionserträge		H
GuV	11.350,00	Bank	11.350,00

S	Verbindlichkeiten a. LL		H
SB	25.000,00	AB	25.000,00

S	Schlussbilanzkonto		H
Grundstücke	120.000,00	Eigenkapital	221.565,00
Gebäude	85.000,00	VLL	25.000,00
BGA	15.000,00		
Kasse	5.280,00		
Bank	21.285,00		
	246.565,00		246.565,00

3 Die Konten des Warenverkehrs

3.1 Einführung

Die Hauptaufgabe eines Einzelhandelsbetriebes (Jeans-Boutique, Lebensmittelgeschäft, usw.) besteht im Ein- und Verkauf von Waren. Der Gewinn des Unternehmens entsteht in erster Linie bei dieser Tätigkeit.

Bisher wurde von uns nur ein Warenkonto geführt - ein Bestandskonto. Auf der Sollseite wurden Wareneinkäufe, auf der Habenseite Warenverkäufe gebucht. Wir haben in der Vergangenheit keinen Unterschied zwischen dem Einkaufspreis und dem Verkaufspreis der Waren gemacht.

In der Praxis muss der Unternehmer auf den Einkaufspreis die Kosten des Einkaufs, der Lagerung und des Verkaufs aufschlagen. Er muss einen Verkaufspreis erreichen, der ihm einen Gewinn bringt. Einen solchen Gewinn nennt man Warengewinn bzw. Rohgewinn.

Verkaufspreis - Einstandspreis = Warengewinn (Rohgewinn)

Die Waren werden also zu einem höheren Preis verkauft als sie eingekauft werden. Wir erzielen einen Ertrag und benötigen deshalb auch ein Ertragskonto – das Konto „Umsatzerlöse für Waren".

Um einen Gewinn aus den Warengeschäften ermitteln zu können, müssen den Verkaufserlösen die Aufwendungen des Einkaufs gegenübergestellt werden. Deshalb benötigen wir hierfür auch ein entsprechendes Aufwandskonto – das Konto „Aufwendungen für Waren".

Nachdem bei den Waren immer auch ein Anfangs- und ein Schlussbestand vorhanden sind, bleibt das aktive Bestandskonto **„Waren"** erhalten. Es werden nur der Anfangsbestand und am Jahresende der Schlussbestand gebucht.

3.2 Wareneinkauf als Aufwand

Wareneinkäufe zu Einkaufspreisen (EP) werden auf der Sollseite des Kontos „Aufwendungen für Waren" erfasst. Die Habenseite bleibt vorerst leer.

	Geschäftsfall	Betrag (€)
	Wir kaufen Waren auf Ziel.	6.000,00

	Buchungssatz	Soll	Haben
	Aufwendungen für Waren	6.000,00	
an	Verbindlichkeiten		6.000,00

S	Aufwendungen für Waren	H		S	Verbindlichkeiten	H
VLL	6.000,00				AfW	6.000,00

3.3 Warenverkauf als Ertrag

Warenverkäufe zu Verkaufspreisen (VP) werden auf der Habenseite des Kontos „Umsatzerlöse für Waren" gebucht. Die Sollseite bleibt vorerst leer.

Aufgabe

Geschäftsfall	Betrag (€)
Wir verkaufen Waren auf Ziel.	7.000,00

Buchungssatz		Soll	Haben
Forderungen		7.000,00	
an	Umsatzerlöse für Waren		7.000,00

S	Forderungen	H		S	Umsatzerlöse für Waren	H
UfW	7.000,00				FLL	7.000,00

3.4 Der Abschluss der Warenkonten

Am Ende des Geschäftsjahres möchte der Unternehmer wissen, ob er bei seinen Warenge-schäften einen Gewinn erzielt hat. Dazu muss er die Warenkonten abschließen.

3.4.1 Abschluss der Erfolgskonten Aufwendungen für Waren und Umsatzerlöse

Das Konto **„Aufwendungen für Waren"**, das den Wert der verkauften Waren zum Einkaufspreis enthält, wird über GuV abge-schlossen.

Das Konto **„Umsatzerlöse für Waren"**, das den Wert der verkauften Waren zum Verkaufspreis enthält, wird über GuV abgeschlossen.

Aus der Gegenüberstellung von „Aufwendungen für Waren" und „Umsatzerlöse für Waren" kann der Rohgewinn ermittelt werden.

Aufgabe

Geschäftsfälle	Betrag (€)
Wareneinkäufe gesamt (zum Einkaufspreis)	360.000,00
Die gesamten Waren wurden verkauft (zum Verkaufspreis).	430.000,00

a) Trage die Ein- und Verkäufe in die entsprechenden Konten ein und schließe die Konten ab.

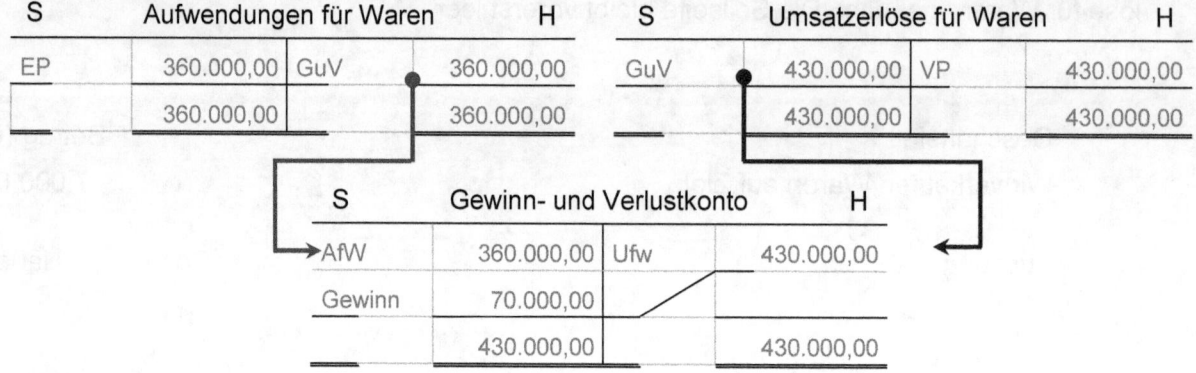

S	Aufwendungen für Waren		H	S	Umsatzerlöse für Waren		H
EP	360.000,00	GuV	360.000,00	GuV	430.000,00	VP	430.000,00
	360.000,00		360.000,00		430.000,00		430.000,00

S	Gewinn- und Verlustkonto		H
AfW	360.000,00	Ufw	430.000,00
Gewinn	70.000,00		
	430.000,00		430.000,00

b) **Wie lauten de** Abschlussbuchungssätze?

Buchungssatz			Soll	Haben
		GuV	360.000,00	
	an	Aufwendungen für Waren		360.000,00

Buchungssatz			Soll	Haben
		Umsatzerlöse für Waren	430.000,00	
	an	GuV		430.000,00

3.4.2 Abschluss der Warenkonten bei Bestandsveränderung

Aus Vereinfachungsgründen haben wir bisher Anfangsbestände und Schlussbestände au-ßer Acht gelassen. Wir sind also von der unrealistischen Annahme ausgegangen, dass ge-nau die, in der Geschäftsperiode eingekaufte Warenmenge auch wiederverkauft worden ist. In der Praxis haben jedoch alle Handelsbetriebe Warenbestände. Diese Bestände werden im Bestandskonto **"Waren"** geführt.

Der Schlussbestand an Waren wird bei der Inventur festgestellt und der Wert wird der Buch-führung mitgeteilt. Dieser Betrag wird in das Bestandskonto Waren auf der Habenseite ein-getragen und in der Schlussbilanz auf der Sollseite gebucht.

Buchungssatz			Soll	Haben
		SBK	Inventurwert	
	an	Waren		Inventurwert

Anfangsbestand und Schlussbestand im Konto „Waren" sind meist unterschiedlich.
Am Ende der Geschäftsperiode gibt es folgende Möglichkeiten:

Anfangsbestand 1. Januar	Schlussbestand 31. Dezember	Anfangsbestand 1. Januar	Schlussbestand 31. Dezember
Minderbestand		**Mehrbestand**	
Warenschlussbestand < Anfangsbestand		Warenschlussbestand > Anfangsbestand	

Nachdem im Konto Waren der Inventurbestand (Schlussbestand) erfasst wurde, ist das Konto noch nicht ausgeglichen. Es muss der Saldo gebildet werden, der auf das Konto Aufwendungen für Waren gebucht wird.

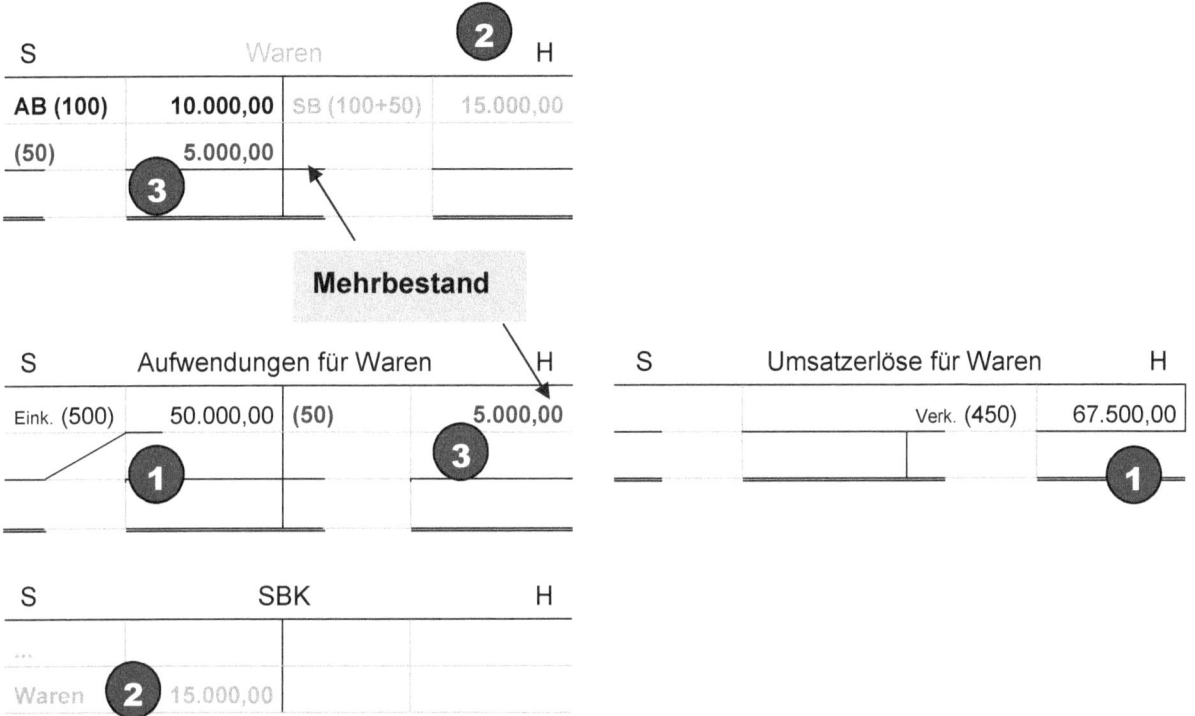

Mehrbestand

①	Im Laufe des Geschäftsjahres wurden 500 Stück Ware eingekauft und 450 Stück verkauft. Normalerweise werden jedoch die Stückzahlen nicht ausgewiesen, sondern nur der Wert.
②	Der Schlussbestand, der durch die Inventur ermittelt wird, wird im Warenkonto auf der Habenseite gebucht. Die Gegenbuchung erfolgt auf der Sollseite des SBK.
③	Da sich der Anfangs- vom Schlussbestand unterscheidet, muss das Warenkonto saldiert werden. In diesem Beispiel handelt es sich um einen Mehrbestand. Dieser Mehrbestand bedeutet, dass wir mehr Waren (500 Stück) eingekauft als wir im gleichen Zeitraum verkauft haben (450 Stück). Um den Warenrohgewinn zu ermitteln, muss dem Umsatz von 450 Stück auch der Einkauf von 450 Stück gegenüberstehen. Buchungstechnisch muss Ware im Wert von 50 Stück aus dem Konto Aufwendungen für Waren ausgebucht werden. Der Wert dieser 50 Stück kann dem Konto Waren entnommen werden (Saldo).

3.4.3 Mehrbestand

Warenbestände/Geschäftsfälle		Betrag (€)
Anfangsbestand	20 DVD-Geräte à 200,00 €	4.000,00
Bareinkauf	35 DVD-Geräte à 200,00 €	7.000,00
Barverkauf	30 DVD-Geräte à 290,00 €	8.700,00
Schlussbestand lt. Inventur	25 DVD-Geräte à 200,00 €	5.000,00

Aufgabe

1.	Trage den Anfangsbestand ein.
2.	Buche den Wareneinkauf und den Warenverkauf.
3.	Schließe das Bestandskonto Waren vollständig ab.
4.	Schließe die Konten Aufwendungen für Waren und Umsatzerlöse ab.
5.	Bilde die Buchungssätze für den Warenein- und -verkauf.
6.	Bilde die Buchungssätze für den Abschluss der Warenkonten.
7.	Errechne den Rohgewinn außerhalb der Buchführung.

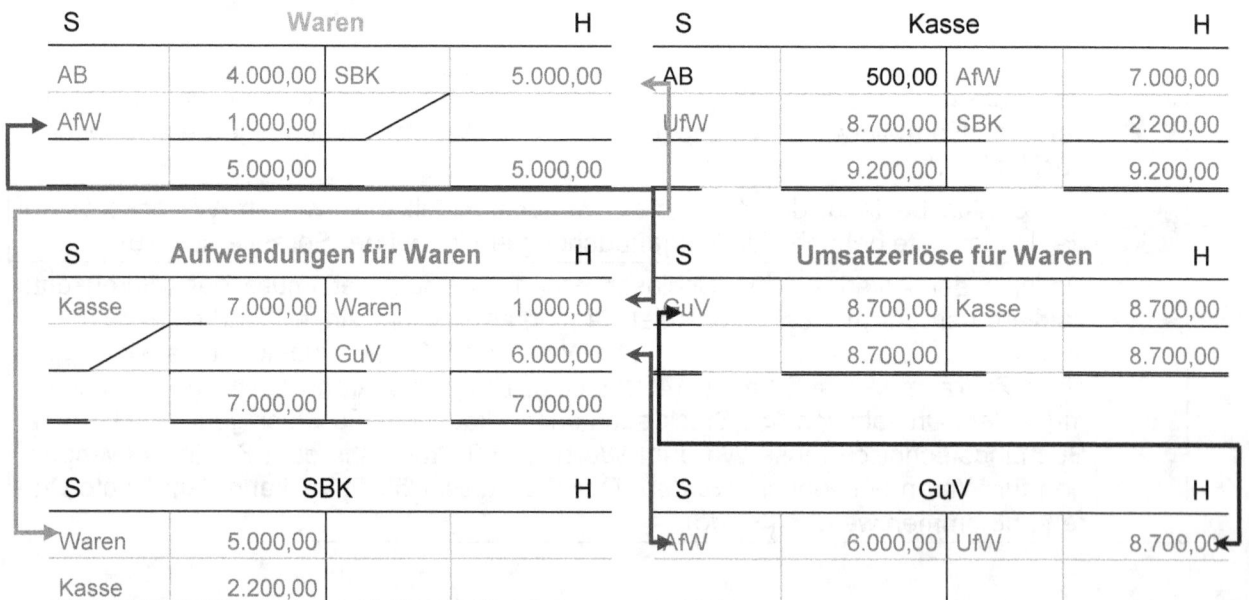

zu Arbeitsauftag 5: Buchungssätze zu den beiden Geschäftsfällen

Buchungssatz		Soll	Haben
	Aufwendungen f. Waren	7.000,00	
an	Kasse		7.000,00
	Kasse	8.700,00	
an	Umsatzerlöse f. Waren		8.700,00

zu Arbeitsauftrag 6: Buchungssätze zum Abschluss der Warenkonten

Der in der Inventur ermittelte Warenschlussbestand wird gebucht.

	Buchungssatz	Soll	Haben
	SBK	5.000,00	
an	Waren		5.000,00

Die Bestandsmehrung von 5 DVD-Player à 200,00 € wird gebucht.

	Buchungssatz	Soll	Haben
	Waren	1.000,00	
an	Aufwendungen für Waren		1.000,00

Abschlussbuchung des Kontos **Aufwendungen für Waren**

	Buchungssatz	Soll	Haben
	GuV	6.000,00	
an	Aufwendungen für Waren		6.000,00

Abschlussbuchung des Kontos **Umsatzerlöse für Waren**

	Buchungssatz	Soll	Haben
	Umsatzerlöse für Waren	8.700,00	
an	GuV		8.700,00

zu Arbeitsauftrag 7: Berechnung des Rohgewinns

In der Geschäftsperiode wurden 35 DVD-Player gekauft. In der gleichen Zeit wurden aber nur 30 DVD-Player verkauft. Dies führt zu einer Bestandserhöhung von 5 DVD-Playern mit einem Einkaufswert von 1.000,00 €.

Damit nun den 30 verkauften DVD-Playern auch der richtige Warenaufwand gegenübersteht, muss das Konto „Aufwendungen für Waren" um den entsprechenden Wert vermindert werden.

	Wareneinkauf	35 DVD-Geräte à 200,00 €	=	7.000,00 €
–	Bestandsmehrung	5 DVD-Geräte à 200,00 €	=	1.000,00 €
=	Wareneinsatz	30 DVD-Geräte à 200,00 €	=	6.000,00 €

	Warenverkauf	30 DVD-Geräte à 290,00 €	=	8.700,00 €
–	Wareneinsatz	30 DVD-Geräte à 200,00 €	=	6.000,00 €
=	Rohgewinn		=	2.700,00 €

3.4.4 Minderbestand

In diesem Fall wurden mehr Waren verkauft als eingekauft - die zusätzlich verkauften Waren stammen aus dem Bestand des Vorjahres. D. h. der tatsächliche Warenaufwand war größer als im Konto Aufwendungen für Waren ersichtlich. Um auch hier den Umsätzen den richtigen Warenaufwand gegenüberzustellen, wird der Saldo des Warenkontos, der sich im Haben ergibt, auf der Sollseite des Kontos Aufwendungen für Waren gebucht.

Warenbestände		Betrag (€)
Anfangsbestand	20 DVD-Geräte à 200,00 €	4.000,00
Bareinkauf	40 DVD-Geräte à 200,00 €	8.000,00
Barverkauf	50 DVD-Geräte à 290,00 €	14.500,00
Schlussbestand	10 DVD-Geräte à 200,00 €	2.000,00

Aufgabe

1.	Buche diese Vorgaben auf den Warenkonten und schließe diese ab.
7.	Bilde die Buchungssätze für den Warenein- und -verkauf.
8.	Bilde die Buchungssätze für den Abschluss der Warenkonten.
9.	Errechne den Rohgewinn außerhalb der Buchführung.

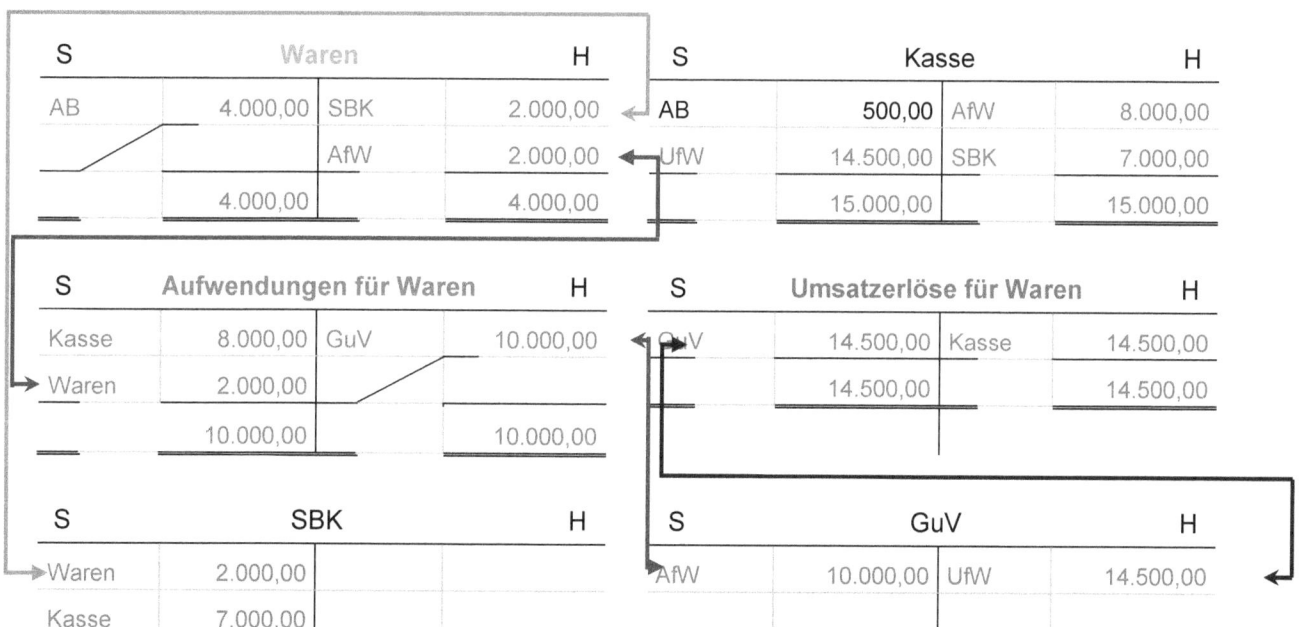

zu Arbeitsauftrag 2: Buchungssätze zu den beiden Geschäftsfällen

Buchungssatz		Soll	Haben
	Aufwendungen f. Waren	8.000,00	
an	Kasse		8.000,00
	Kasse	14.500,00	
an	Umsatzerlöse f. Waren		14.500,00

zu Arbeitsauftrag 3: Buchungssätze zum Abschluss der Warenkonten

Der in der Inventur ermittelte Warenschlussbestand wird gebucht.

	Buchungssatz	Soll	Haben
	SBK	2.000,00	
an	Waren		2.000,00

Die Bestandsminderung von 10 DVD-Player à 200,00 € wird gebucht.

	Buchungssatz	Soll	Haben
	Aufwendungen für Waren	2.000,00	
an	Waren		2.000,00

Abschlussbuchung des Kontos Aufwendungen für Waren

	Buchungssatz	Soll	Haben
	GuV	10.000,00	
an	Aufwendungen für Waren		10.000,00

Abschlussbuchung des Kontos Umsatzerlöse für Waren

	Buchungssatz	Soll	Haben
	Umsatzerlöse für Waren	14.500,00	
an	GuV		14.500,00

zu Arbeitsauftrag 4: Berechnung des Rohgewinns

In der Geschäftsperiode wurden 40 DVD-Player gekauft. In der gleichen Zeit wurden aber 50 DVD-Player verkauft. Dies führt zu einer Bestandsminderung von 10 DVD-Playern mit einem Einkaufswert von 2.000,00 €.

Damit nun den 50 verkauften DVD-Playern auch der richtige Warenaufwand gegenübersteht, muss das Konto „Aufwendungen für Waren" um den entsprechenden Wert vermehrt werden.

	Wareneinkauf	40 DVD-Geräte à 200,00 €	=	8.000,00 €
+	Bestandsminderung	10 DVD-Geräte à 200,00 €	=	2.000,00 €
=	Wareneinsatz	50 DVD-Geräte à 200,00 €	=	10.000,00 €

	Warenverkauf	50 DVD-Geräte à 290,00 €	=	14.500,00 €
−	Wareneinsatz	50 DVD-Geräte à 200,00 €	=	10.000,00 €
=	Rohgewinn		=	4.500,00 €

3.5   Zusammenfassung

Die vier Schritte zum Abschluss der Warenkonten:

			Soll		Haben
1.	Der durch die Inventur ermittelte Schlussbestand wird gebucht.		SBK	an	Waren
2.	Abschluss des Kontos „Waren": Der veränderte Warenbestand wird umgebucht.	Bestandsmehrung	Waren	an	Aufwendungen für Waren
		Bestandsminderung	Aufwendungen für Waren	an	Waren
3.	Abschluss des Kontos Aufwendungen für Waren		GuV	an	Aufwendungen für Waren
4.	Abschluss des Kontos Umsatzerlöse für Waren		Umsatzerlöse für Waren	an	GuV

3.6 Aufgaben

Die Buchungen bei den Aufgaben 1 - 4 werden nur in den Warenkonten und den entsprechenden Abschlusskonten vorgenommen.

Aufgabe 1

I.	Anfangsbestände	
	Waren	128.500,00 €
	Eigenkapital	250.000,00 €
II.	Geschäftsfälle	
	Einkauf von Waren bar	10.500,00 €
	Verkauf von Waren bar	12.300,00 €
	Warenverkäufe auf Ziel	37.550,00 €
	Wareneinkäufe auf Ziel	12.350,00 €
	Verkauf von Waren gegen Banküberweisung	14.600,00 €
III.	Abschlussangaben	
	Schlussbestand der Waren lt. Inventur	110.500,00 €

1.	Trage die Anfangsbestände vor.
2.	Buche die Geschäftsfälle.
3.	Schließe die Konten ab.

S	Waren	H

S	Umsatzerlöse für Waren	H

S	Aufwendungen für Waren	H

S	Eigenkapital	H

S	SBK	H

S	GuV	H

Lösung 1

I.	Anfangsbestände	
	Waren	128.500,00 €
	Eigenkapital	250.000,00 €
II.	Geschäftsfälle	
	Einkauf von Waren bar	10.500,00 €
	Verkauf von Waren bar	12.300,00 €
	Warenverkäufe auf Ziel	37.550,00 €
	Wareneinkäufe auf Ziel	12.350,00 €
	Verkauf von Waren gegen Banküberweisung	14.600,00 €
III.	Abschlussangaben	
	Schlussbestand der Waren lt. Inventur	110.500,00 €

1.	Trage die Anfangsbestände vor.
2.	Buche die Geschäftsfälle.
3.	Schließe die Konten ab.

S	Waren		H		S	Umsatzerlöse für Waren		H
AB	128.500,00	SBK	110.500,00		GuV	64.450,00	Ka	12.300,00
		AfW	18.000,00				FLL	37.550,00
	128.500,00		128.500,00				Ba	14.600,00
						64.450,00		64.450,00

S	Aufwendungen für Waren		H		S	Eigenkapital		H
Ka	10.500,00	GuV	40.850,00		SBK	273.600,00	AB	250.000,00
VLL	12.350,00						GuV	23.600,00
Waren	18.000,00					273.600,00		273.600,00
	40.850,00		40.850,00					

S	SBK		H		S	GuV		H
Waren	110.500,00	EK	273.600,00		AfW	40.850,00	UfW	64.450,00
					EK	23.600,00		
						64.450,00		64.450,00

a) Erstelle die Buchungssätze, ermittle den Wareneinsatz und den Rohgewinn.

b) Buche in den vorgegebenen Konten und schließe die Warenkonten ab.

Warenanfangsbestand am 1. Jan.	150.000,00 €
Eigenkapital	780.000,00 €
VLL	38.000,00 €
FLL	32.000,00 €
Wareneinkäufe auf Ziel lt. ER* vom 1. Jan. bis 31. Dez.	450.000,00 €
Warenverkäufe auf Ziel lt. AR** vom 1. Jan. bis 31. Dez.	630.000,00 €
Warenschlussbestand lt. Inventur vom 31. Dez.	170.000,00 €

zu Arbeitsauftrag a)

	Buchungssatz zur Eröffnung des Warenkontos	Soll	Haben
	Waren	150.000,00	
an	Eröffnungsbilanzkonto		150.000,00

	Buchungssätze der Warenein- und -verkäufe	Soll	Haben
	Aufwendungen für Waren	450.000,00	
an	Verbindlichkeiten		450.000,00
	Forderungen a. LL	630.000,00	
an	Umsatzerlöse für Waren		630.000,00

	Buchungssatz zum Abschluss des Warenkontos	Soll	Haben
	SBK	170.000,00	
an	Waren		170.000,00

Ermittlung des Wareneinsatzes

	Wareneinkauf		450.000,00 €
-	Bestandsmehrung		20.000,00 €
=	Wareneinsatz		430.000,00 €

	Abschlussbuchungen des Kontos AfW	Soll	Haben
	an Waren	20.000,00	

---

* Eingangsrechnung

** Ausgangsrechnung

		Aufwendungen für Waren		20.000,00
		GuV	430.000,00	
	an	Aufwendungen für Waren		430.000,00

Abschlussbuchungen des Kontos Umsatzerlöse für Waren			Soll	Haben
		Umsatzerlöse für Waren	630.000,00	
	an	GuV		630.000,00

Abschlussbuchung des Gewinn und Verlustkontos		Soll	Haben
	GuV	200.000,00	
an	Eigenkapital		200.000,00

Ermittlung des Rohgewinns

	Warenverkauf	630.000,00 €
-	Wareneinsatz	430.000,00 €
=	Rohgewinn	200.000,00 €

(weitere Geschäftsfälle sowie die Abschlüsse der Bestandskonten bleiben unberücksichtigt)

zu Arbeitsauftrag b) Buchen in T-Konten

S   Eröffnungsbilanzkonto   H

S   Waren   H   S   Verbindlichkeiten a. LL   H

S   Forderungen a. LL   H   S   Umsatzerlöse für Waren   H

S   Aufwendungen für Waren   H   S   Eigenkapital   H

S   Schlussbilanzkonto   H   S   GuV-Konto   H

Lösung 2

Buchen in T-Konten

S	Eröffnungsbilanzkonto		H
EK	780.000,00	Waren	150.000,00
VLL	38.000,00	Forderungen a. LL	32.000,00

S	Waren		H
AB	150.000,00	SBK	170.000,00
AfW	20.000,00		
	170.000,00		170.000,00

S	Verbindlichkeiten a. LL		H
		AB	38.000,00
		AfW	450.000,00

S	Forderungen a. LL		H
AB	32.000,00		
UfW	630.000,00		

S	Umsatzerlöse für Waren		H
GuV	630.000,00	FLL	630.000,00

S	Aufwendungen für Waren		H
VLL	450.000,00	Waren	20.000,00
		GuV	430.000,00
	450.000,00		450.000,00

S	Eigenkapital		H
		AB	780.000,00
		GuV	200.000,00

S	Schlussbilanzkonto		H
Waren	170.000,00		

S	GuV-Konto		H
AfW	430.000,00	UfW	630.000,00
EK	200.000,00		

1. Richte die drei Warenkonten, das Gewinn- und Verlustkonto, das Eigenkapitalkonto und das Schlussbilanzkonto ein.

4. Trage folgende Anfangsbestände ein:

Warenanfangsbestand am 1. Jan.	40.000,00 €
Eigenkapital	47.000,00 €

5. Um beim Abschluss der Konten ein ausgeglichenes Schlussbilanzkonto zu haben, trägst du auf der Sollseite des Schlussbilanzkontos 54.600,00 € als "Sonstiges Vermögen" ein.

6. Buche folgende Geschäftsfälle in den eingerichteten Konten (siehe 1.):

a.	Wareneinkäufe bar	24.700,00
b.	Warenverkäufe auf Ziel	17.900,00
c.	Warenverkäufe bar	34.700,00
d.	Wareneinkauf auf Ziel	1.900,00
e.	Warenverkäufe gegen Bankkartenzahlung	21.600,00
f.	Warenendbestand lt. Inventur	21.000,00

7. Schließe alle Konten ordnungsgemäß ab.

S	H	S	H

S	H	S	H

S	H	S	H

Aufgabe 4

1. Richte die drei Warenkonten, das Gewinn- und Verlustkonto, das Eigenkapitalkonto und das Schlussbilanzkonto ein.

8. Trage folgende Anfangsbestände ein:

Warenanfangsbestand am 1. Januar	48.000,00 €
Eigenkapital	85.000,00 €

9. Um beim Abschluss der Konten ein ausgeglichenes Schlussbilanzkonto zu haben, trägst du auf der Sollseite des Schlussbilanzkontos 50.200,00 € als "Sonstiges Vermögen" ein.

10. Buche folgende Geschäftsfälle in den eingerichteten Konten (siehe 1.):

a.	Wareneinkäufe bar	7.500,00
b.	Warenverkäufe auf Ziel	28.650,00
c.	Wareneinkauf auf Ziel	20.500,00
d.	Warenverkäufe gegen Bankkartenzahlung	12.550,00
e.	Warenendbestand lt. Inventur	51.000,00

11. Schließe alle Konten ordnungsgemäß ab.

S	H	S	H

S	H	S	H

S	H	S	H

Lösung Aufgabe 3

S	Waren		H
AB	40.000,00	SBK	21.000,00
		AfW	19.000,00
	40.000,00		40.000,00

S	Umsatzerlöse f. Waren		H
GuV	74.200,00	Fo	17.900,00
		Ka	34.700,00
		Ba	21.600,00
	74.200,00		74.200,00

S	Aufwendungen f. Waren		H
Ka	24.700,00	GuV	45.600,00
VLL	1.900,00		
Wa	19.000,00		
	45.600,00		45.600,00

S	Eigenkapital		H
SBK	75.600,00	AB	47.000,00
		GuV	28.600,00
	75.600,00		75.600,00

S	SBK		H
Vermög	54.600,00	EK	75.600,00
Wa	21.000,00		
	75.600,00		75.600,00

S	GuV		H
AfW	45.600,00	UfW	74.200,00
EK	28.600,00		
	74.200,00		74.200,00

Lösung Aufgabe 4

S	Waren		H
AB	48.000,00	SBK	51.000,00
AfW	3.000,00		
	51.000,00		51.000,00

S	Umsatzerlöse f. Waren		H
GuV	41.200,00	FLL	28.650,00
		Ba	12.550,00
	41.200,00		41.200,00

S	Aufwendungen f. Waren		H
Ka	7.500,00	Wa	3.000,00
VLL	20.500,00	GuV	25.000,00
	28.000,00		28.000,00

S	Eigenkapital		H
SBK	101.200,00	AB	85.000,00
		GuV	16.200,00
	101.200,00		101.200,00

S	SBK		H
Vermög.	50.200,00	EK	101.200,00
Wa	51.000,00		
	101.200,00		101.200,00

S	GuV		H
AfW	25.000,00	UfW	41.200,00
EK	16.200,00		
	41.200,00		41.200,00

Aufgabe 5

1. Erstelle das Eröffnungsbilanzkonto und eröffne die Bestandskonten.
2. Bilde die Buchungssätze für die Geschäftsfälle.
3. Buche die Geschäftsfälle in den Konten.
4. Schließe die Konten ab.

Anfangsbestände:

Grundstück	58.000,00 €	Bank	35.600,00 €
Geschäftsgebäude	160.000,00 €	Kasse	7.400,00 €
Betriebs- und Geschäftsausstattung	45.000,00 €	Fuhrpark	38.000,00 €
Verbindlichkeiten a. LL	39.400,00 €	Waren	52.400,00 €
Forderungen a. LL	17.400,00 €	Postbank	12.400,00 €
Darlehen	77.000,00 €	Eigenkapital	?

Geschäftsfälle:

Nr.	Geschäftsfälle	Betrag (€)
1.	Banküberweisung eines Kunden	10.450,00
2.	Postbankbelastung für Telekom-Rechnung	380,00
3.	Banküberweisung für Darlehensrückzahlung	5.500,00
4.	Tageslosung♦	6.240,00
5.	Wareneinkauf auf Ziel	5.050,00
6.	Barzahlung einer bereits gebuchten Rechnung durch Kunden	3.740,00
7.	Bareinzahlung auf das Bankkonto	4.500,00
8.	Lohnzahlung bar an Aushilfskräfte	1.380,00
9.	Mieteinnahme durch Lastschriftverfahren	980,00
10.	Banküberweisung an Lieferer	5.050,00
11.	Wareneinkauf gegen Scheckkartenzahlung	8.250,00
12.	Tageslosung	8.980,00
13.	Postbanküberweisung an Lieferer	3.170,00
14.	Warenverkauf auf Ziel	2.100,00
15.	Barzahlung der Gewerbesteuer	200,00

♦ die Bareinnahmen des gesamten Warenverkaufs an einem Tag

Abschlussangabe

Warenendbestand laut Inventur	53.600,00

Nr.	Buchungssatz		Soll	Haben
1.		Bank	10.450,00	
	an	Forderungen		10.450,00
2.		Post- u. Telefongebühren	380,00	
	an	Postbank		380,00
3.		Darlehen	5.500,00	
	an	Bank		5.500,00
4.		Kasse	6.240,00	
	an	Umsatzerlöse für Waren		6.240,00
5.		Aufwendungen für Waren	5.050,00	
	an	Verbindlichkeiten a. LL		5.050,00
6.		Kasse	3.740,00	
	an	Forderungen a. LL		3.740,00
7.		Bank	4.500,00	
	an	Kasse		4.500,00
8.		Löhne	1.380,00	
	an	Kasse		1.380,00
9.		Bank	980,00	
	an	Mieterträge		980,00
10.		Verbindlichkeiten a. LL	5.050,00	
	an	Bank		5.050,00
11.		Aufwendungen f. Waren	8.250,00	
	an	Bank		8.250,00
12.		Kasse	8.980,00	
	an	Umsatzerlöse f. Waren		8.980,00
13.		Verbindlichkeiten a. LL	3.170,00	
	an	Postbank		3.170,00
14.		Forderungen a. LL	2.100,00	
	an	Umsatzerlöse f. Waren		2.100,00
15.		Gewerbesteuer	200,00	
	an	Kasse		200,00

S	Eröffnungsbilanzkonto	H

S	Grundstück	H

S	Kasse	H

S	Geschäftsgebäude	H

S	Postbank	H

S	BGA	H

S	Bank	H

S	Fuhrpark	H

S	Darlehen	H

S	Forderungen a. LL		H

S	Verbindlichkeiten a. LL		H

S	Waren		H

S	Eigenkapital		H

S	Aufwendungen f. Waren		H

S	Umsatzerlöse f. Waren		H

S	Gewerbesteuer		H

S	Mieterträge		H

S	Post- u. Telefongebühren		H

S	Löhne		H

S	SBK		H

S	GuV		H

Lösung 5

S	Eröffnungsbilanzkonto		H
Eigenkapital	309.800,00	Grundstück	58.000,00
Darlehen	77.000,00	Geschäftsgebäude	160.000,00
Verbindlichkeiten a. LL	39.400,00	BGA	45.000,00
		Fuhrpark	38.000,00
		Forderungen a. LL	17.400,00
		Waren	52.400,00
		Kasse	7.400,00
		Postbank	12.400,00
		Bank	35.600,00
	426.200,00		426.200,00

S	Grundstück		H
AB	58.000,00	SBK	58.000,00

S	Kasse		H
AB	7.400,00	Bank	4.500,00
UfW	6.240,00	Löhne	1.380,00
FLL	3.740,00	Gew.-St.	200,00
UfW	8.980,00	SBK	20.280,00
	26.360,00		26.360,00

S	Geschäftsgebäude		H
AB	160.000,00	SBK	160.000,00

S	Postbank		H
AB	12.400,00	Post/Tel	380,00
		VLL	3.170,00
		SBK	8.850,00
	12.400,00		12.400,00

S	BGA		H
AB	45.000,00	SBK	45.000,00

S	Bank		H
AB	35.600,00	Darlehen	5.500,00
FLL	10.450,00	VLL	5.050,00
Kasse	4.500,00	AfW	8.250,00
Mietertr.	980,00	SBK	32.730,00
	51.530,00		51.530,00

S	Fuhrpark		H		S	Darlehen		H
AB	38.000,00	SBK	38.000,00		Bank	5.500,00	AB	77.000,00
					SBK	71.500,00		
						77.000,00		77.000,00

S	Forderungen a. LL		H		S	Verbindlichkeiten a. LL		H
AB	17.400,00	Bank	10.450,00		Bank	5.050,00	AB	39.400,00
UfW	2.100,00	Kasse	3.740,00		Postbank	3.170,00	AfW	5.050,00
		SBK	5.310,00		SBK	36.230,00		
	19.500,00		19.500,00			44.450,00		44.450,00

S	Waren		H		S	Eigenkapital		H
AB	52.400,00	SBK	53.600,00		SBK	314.040,00	AB	309.800,00
AfW	1.200,00						GuV	4.240,00
	53.600,00		53.600,00			314.040,00		314.040,00

S	Aufwendungen f. Waren		H		S	Umsatzerlöse f. Waren		H
VLL	5.050,00	Waren	1.200,00		GuV	17.320,00	Kasse	6.240,00
Bank	8.250,00	GuV	12.100,00				Kasse	8.980,00
	13.300,00		13.300,00				FLL	2.100,00
						17.320,00		17.320,00

S	Gewerbesteuer		H		S	Mieterträge		H
Kasse	200,00	GuV	200,00		GuV	980,00	Bank	980,00

S	Post- u. Telefongebühren		H		S	Löhne		H
Postbank	380,00	GuV	380,00		Kasse	1.380,00	GuV	1.380,00

S	SBK		H		S	GuV		H
Grundst.	58.000,00	EK	314.040,00		AfW	12.100,00	UfW	17.320,00
Geb.	160.000,00	Darlehen	71.500,00		Gew.-St.	200,00	Mietertr.	980,00
BGA	45.000,00	VLL	36.230,00		Post/Tel.	380,00		
Fuhrpark	38.000,00				Löhne	1.380,00		
FLL	5.310,00				EK	4.240,00		
Waren	53.600,00					18.300,00		18.300,00
Kasse	20.280,00							

Postbank	8.850,00			
Bank	32.730,00			
	421.770,00	421.770,00		

4   Die Umsatzsteuer

Gerhard Zellner ist selbstständiger Installateur. Er hat vom Kunden Müßig einen Auftrag erhalten und führt diesen aus.

Aufgrund des Auftragszettels erstellt Zellner eine Rechnung, die er dem Kunden zuleitet.

Der Kunde Müßig ist verärgert über die Höhe der Rechnung und der Steuer. Er bittet um eine genaue Erklärung der einzelnen Positionen auf der Rechnung.

Arbeitsauftrag:

Erkläre, wie sich der Rechnungsbetrag zusammensetzt.

4.1 Steuerrechtliche Grundlagen

Alle Lieferungen und sonstigen Leistungen, die von einem Unternehmen im Inland gegen Entgelt erbracht werden, unterliegen der Umsatzsteuer (in der Rechnung abgekürzt mit MwSt.).

Der **Regelsteuersatz** beträgt 16 % des Warenwertes bzw. des Wertes der erbrachten Leistung.

Für bestimmte Waren und Dienstleistungen wird nur ein **ermäßigter Steuersatz** in Höhe von 7 % erhoben. Dazu zählen z. B. Lebensmittel oder Bücher.

Manche Umsätze sind völlig von der Erhebung einer **Umsatzsteuer** befreit. Dazu zählen z. B. Entgelte für ärztliche und zahnärztliche Leistungen, Miet- oder Zinserträge.

Der Unternehmer hat die **Verpflichtung** bei der Rechnungsstellung für Warenlieferungen und erbrachte Leistungen die fällig werdende **Umsatzsteuer** für den Staat zu erheben, d. h. dem Kunden mit in Rechnung zu stellen.

Info: Zellner kassiert vom Kunden den Gesamtbetrag einschließlich der Umsatzsteuer. Diese Steuer darf der Installateur aber nicht behalten. Er muss den Betrag von 26,86 € an das Finanzamt zahlen. Allerdings kann er sich mit der Überweisung noch etwas Zeit lassen. Zellner hat aber viele Kunden, denen er Rechnungen schreibt. Damit er noch einen Überblick behält und weiß, welche Beträge er an das Finanzamt zahlen muss, bucht er diese Umsatzsteuerbeträge auf ein eigenes Konto, das Konto Umsatzsteuer.

Die Beträge, die auf dem Konto Umsatzsteuer gebucht werden, ist Zellner dem Finanzamt schuldig. Sie sind deshalb in seiner Buchhaltung eine Verbindlichkeit. Das Konto Umsatzsteuer ist ein passives Bestandskonto.

Aufgabe

Installateur Zellner hat für einen Neubau eine Duschkabine zu einem Komplettpreis von 350,00 € geliefert und installiert. Bei dieser Leistung fällt der Regelsteuersatz an.

1. Ergänze die folgenden Angaben für die Rechnung:

Warenwert:	350,00 €
Umsatzsteuer (16 %)	56,00 €
Rechnungsbetrag	406,00 €

2. Bilde den Buchungssatz für den Geschäftsfall.

Konto	Soll	Haben
Forderungen a. LL	406,00	
Umsatzerlöse		350,00
Umsatzsteuer		56,00

3. Buche diesen Geschäftsfall in den T-Konten.

S	Forderungen a. LL		H
UfW/USt.	406,00		

S	Umsatzerlöse		H
		FLL	350,00

S	Umsatzsteuer		H
		FLL	56,00

Die mit in Rechnung gestellte **Umsatzsteuer** ist eine **Verbindlichkeit** gegenüber dem Finanzamt.

Das Konto Umsatzsteuer ist ein passives Bestandskonto.

4.2   Die Vorsteuer

Installateur Zellner hat für die Lieferung einer Duschwanne zunächst Material im Wert von 140,00 € kaufen müssen. Auch bei dieser Lieferung ist die Umsatzsteuer in Höhe des Regelsteuersatzes angefallen und somit bereits von ihm bezahlt worden.

Info: Zellner zahlt zwar an seinen Duschwannen-Lieferanten die Umsatzsteuer, bekommt diese aber vom Finanzamt auf Antrag wieder zurück. Auch hier werden die Umsatzsteuerbeträge der Eingangsrechnungen auf einem eigenen Konto gebucht, dem Konto Vorsteuer.

Die Beträge, die auf dem Konto Vorsteuer gebucht werden, ist das Finanzamt Zellner schuldig. Deshalb ist das Konto Vorsteuer ein aktives Bestandskonto und stellt eine Forderung dar.

Aufgabe

1. Ergänze die folgenden Angaben für die Rechnung der Lieferers (Eingangsrechnung):

Warenwert:	140,00 €
Umsatzsteuer (16 %)	22,40 €
Rechnungsbetrag	162,40 €

2. Bilde den Buchungssatz für den Geschäftsfall.

Konto	Soll	Haben
Aufw. für Waren	140,00	
Vorsteuer	22,40	
VLL		162,40

3. Buche diesen Geschäftsfall in den T-Konten.

S	Aufw. für Waren	H		S	VLL	H
VLL	140,00				AfW/VSt	162,40

S	Vorsteuer	H
VLL	22,40	

Die gezahlte **Vorsteuer** (Mehrwertsteuer auf Eingangsrechnungen) ist für den Unternehmer eine **Forderung** gegenüber dem Finanzamt.
Das Konto Vorsteuer ist ein aktives Bestandskonto.

4.3   Zahllast und Vorsteuerüberhang

Installateur Zellner hat Ende jeden Monats beim Finanzamt anzugeben,

➢   wie viel Umsatzsteuer er in diesem Monat bei Kunden in Rechnung gestellt hat.

➢   wie viel Vorsteuer er in diesem Zeitraum an seine Lieferanten gezahlt hat.

➢   wie hoch die Differenz aus diesen beiden Beträgen ist.

Der gesamte Vorgang wird Umsatzsteuervoranmeldung genannt und wird mit Hilfe eines entsprechenden Formulars erstellt.

Info: Zellner muss Umsatzsteuer und Vorsteuer am Monatsende gegeneinander verrechnen. Dazu berechnet er, wie viel Vorsteuer er bezahlt und wie viel Umsatzsteuer er in diesem Monat berechnet hat. Hat Zellner mehr Umsatzsteuer an das Finanzamt abzuführen, als er an Vorsteuer zurückerstattet bekommt, besteht eine Verbindlichkeit gegenüber dem Finanzamt. Man spricht von einer Zahllast.

Umsatzsteuer > Vorsteuer ⇨ Zahllast

Die Summe der bis zum Monatsende gezahlten Vorsteuer wird auf das Konto Umsatzsteuer gebucht.

Buchungssatz: Umsatzsteuer an Vorsteuer

Aufgabe 1

1.   Welche Zahllast ergibt sich aus den beiden Geschäftsfällen: Einkauf von Material (Vorsteuerbetrag: 22,40 €) und Verkauf einer Duschkabine (Umsatzsteuerbetrag: 56,00 €)?

Umsatzsteuer	56,00 €
Vorsteuer (16 %)	- 22,40 €
Zahllast	33,60 €

2.   Bilde den Buchungssatz für die Vorsteuerverrechnung.

Konto	Soll	Haben
Umsatzsteuer	22,40	
Vorsteuer		22,40

3. Buche in den T-Konten.

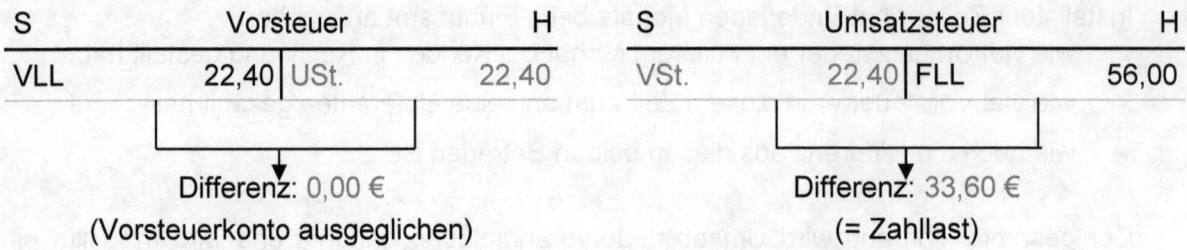

S	Vorsteuer		H
VLL	22,40	USt.	22,40

Differenz: 0,00 €
(Vorsteuerkonto ausgeglichen)

S	Umsatzsteuer		H
VSt.	22,40	FLL	56,00

Differenz: 33,60 €
(= Zahllast)

Nach der Verrechnung der Vorsteuer auf die Umsatzsteuer ergibt sich bei diesem Beispiel eine Umsatzsteuerrestschuld, also eine Zahllast. Dieser Betrag muss bis zum 10. des Folgemonats an das Finanzamt überwiesen werden.

Info: Hat der Unternehmer mehr Vorsteuer als Umsatzsteuer gebucht, hat er da-
          gegen eine Forderung gegenüber dem Finanzamt. Diesen so genannten
          Vorsteuerüberhang bekommt er gutgeschrieben.

Umsatzsteuer < Vorsteuer ⇨ Vorsteuerüberhang

Buchungssatz: Umsatzsteuer an Vorsteuer

Aufgabe 2

Im Abrechnungsmonat sind folgende Steuern angefallen.

1.   Berechne den Vorsteuerüberhang.

Vorsteuer (16 %)	87,00 €
Umsatzsteuer	- 33,50 €
Vorsteuerüberhang	53,50 €

2.   Bilde den Buchungssatz für die Vorsteuerverrechnung.

Konto	Soll	Haben
Umsatzsteuer	33,50	
an Vorsteuer		33,50

3.   Buche in den T-Konten.

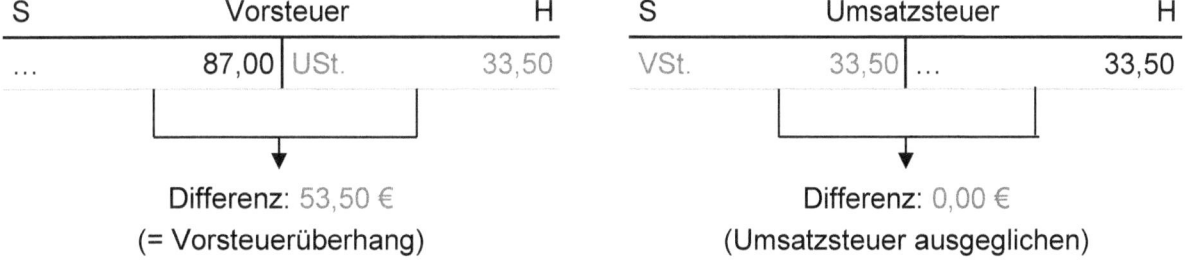

S	Vorsteuer		H
...	87,00	USt.	33,50

Differenz: 53,50 €
(= Vorsteuerüberhang)

S	Umsatzsteuer		H
VSt.	33,50	...	33,50

Differenz: 0,00 €
(Umsatzsteuer ausgeglichen)

4.4 Wirkung der Umsatzsteuer auf das Unternehmen

Die Umsatzsteuer wird auf Grund ihrer Erhebungsart auch Mehrwertsteuer genannt. Es wird nur der von einer Unternehmung erwirtschaftete Mehrwert mit Umsatzsteuer belastet. Steuerlich existiert der Begriff Mehrwertsteuer nicht mehr.

In der Bundesrepublik Deutschland besteht ein Allphasen-Netto-Umsatzsteuersystem (seit 01.01.1968) mit Vorsteuerabzug. Jeder steuerbare Umsatz wird auf jeder Wirtschaftsstufe besteuert. Die Bemessungsgrundlage für die zu berechnende und abzuführende Umsatzsteuer ist dabei der Nettobetrag. Der Unternehmer darf dabei die selbst bezahlte Umsatzsteuer im Rahmen des Einkaufs als Vorsteuer abziehen.

Die Umsatzsteuer stellt für die Unternehmen damit einen durchlaufenden Posten dar.

Umsatzsteuer, die dem Endkunden in Rechnung gestellt wird, wird an das zuständige Finanzamt abgeführt.

Umsatzsteuer, die das Unternehmen selbst in Rechnung gestellt bekommt, wird als Vorsteuer vom Finanzamt zurückgefordert. Nur ordnungsgemäße Rechnungen erlauben den Vorsteuerabzug. Bei vielen Umsatzsteuersonderprüfungen werden Fehler in Eingangsrechnungen gefunden, die zur Rückzahlung der Vorsteuer führen.

Die Zahllast (abzuführender Betrag ans Finanzamt) errechnet sich als Differenz aus der dem Unternehmer von seinen Abnehmern bezahlten Umsatzsteuer und der von ihm selbst für Vorleistungen bezahlten Umsatzsteuer (Vorsteuer).

Damit wird nur der Endverbraucher mit der Umsatzsteuer belastet (Endverbrauchersteuer).

Eine Belastung beim Unternehmer kann nur eintreten, wenn bei einer Umsatzsteuersatzerhöhung der höhere Preis nicht an den Endverbraucher weitergegeben werden kann.

Die Umsatzsteuer ist eine indirekte Steuer. Bei einer indirekten Steuer sind Steuerschuldner und Steuerträger nicht identisch. Die Steuer wird auf einen Dritten (hier den Endverbraucher) übertragen.

In bestimmten Fällen wird der Leistungsempfänger zum Steuerschuldner. Das Reverse-Charge-Verfahren bezeichnet die Verlagerung der Umsatzsteuerschuld vom leistenden Unternehmer auf den Leistungsempfänger. Beim Leistungsempfänger fallen Steuerschuld und Vorsteuerabzug zusammen und saldieren sich direkt. Mit diesem Ansatz wird die Bekämpfung des Umsatzsteuerbetrugs leichter.

4.5   Struktur des Mehrwertsteuersystems

In der Buchhaltung spricht man von Umsatz- und Vorsteuer. Im allgemeinen Sprachgebrauch wird dafür der Begriff Mehrwertsteuer verwendet.

Struktur des Mehrwertsteuersystems:

Auf jeder Wirtschaftsstufe wird die Umsatzsteuer in Höhe des erzeugten Mehrwertes als Zahllast fällig.

Das Säge- und Furnierwerk stellt aus Baumstämmen Bretter her. Es kauft die Baumstämme für 2.000,00 € und verkauft die Bretter für 3.000,00 €. Durch diese Verarbeitung entstand ein Mehrwert von 1.000,00 Euro. In Höhe dieses Mehrwertes wird die Steuer abgeführt. Die Steuerlast für diesen Mehrwert ergibt sich für das Unternehmen durch die Differenz von Umsatz- und Vorsteuer (Ausgangs- und Eingangsrechnung). Für die Buchhaltung gilt: Eingangsrechnungen enthalten Vorsteuer – Ausgangsrechnungen enthalten Umsatzsteuer.

4.6 Eingangs- und Ausgangsrechnungen buchen

Bei Installateur Zellner gehen im Laufe des Geschäftsjahres ständig Rechnungen von Lieferern ein (Eingangsrechnungen), er schickt aber auch Rechnungen an Kunden heraus (Ausgangsrechnungen). Alle Geschäftsfälle werden mit der anfallenden Mehrwertsteuer gebucht.

Führe für die folgenden Geschäftsfälle die Vorkontierung und die Buchungen auf den T-Konten durch.

Wir erhalten eine Rechnung für den Kauf eines Lieferwagens zum Preis von 12.500,00 € zzgl. 16 % MwSt.

Konto	Soll	Haben
Fuhrpark	12.500,00	
Vorsteuer	2.000,00	
Verbindlichkeiten		14.500,00

S	Verbindlichkeiten	H	S	Fuhrpark	H	S	Vorsteuer	H
	14.500,00		12.500,00			2.000,00		

Wir schicken eine Rechnung an einen Kunden für die Reparatur einer Kaminverkleidung (Komplettpreis 140,00 € zzgl. 16 % MwSt.).

Konto	Soll	Haben
Forderungen	162,40	
Umsatzerlöse		140,00
Umsatzsteuer		22,40

S	Forderungen	H	S	Umsatzerlöse	H	S	Umsatzsteuer	H
162,40				140,00			22,40	

Wir erhalten eine Rechnung für den Kauf von Kupferblech, Warenwert: 4.000,00 € zzgl. 16 % MwSt.

Konto	Soll	Haben
Rohstoffe	4.000,00	
Vorsteuer	640,00	
Verbindlichkeiten		4.640,00

S	Verbindlichkeiten	H	S	Rohstoffe	H	S	Vorsteuer	H
	4.640,00		4.000,00			640,00		

Wir versenden eine Rechnung an einen Kunden für die Reparatur eines Gasbrenners zum Bruttoverkaufspreis von 237,80 €.

Konto	Soll	Haben
Forderungen	237,80	
Umsatzerlöse		205,00
Umsatzsteuer		32,80

S	Forderungen	H	S	Umsatzerlöse	H	S	Umsatzsteuer	H
237,80					205,00			32,80

4.7 Geschäftsfälle mit Mehrwertsteuer buchen

Aufgabe

Bei Installateur Zellner sind weitere Geschäftsfälle zu buchen. Für die Berechnung der Umsatzsteuer ist jeweils der Regelsteuersatz anzusetzen.

Führe die Vorkontierung auf einem separaten Blatt durch und errechne die Mehrwertsteuer, soweit sie noch nicht angegeben ist. Buche danach auf den T-Konten.

1. Wir erhalten die Rechnung für einen neuen Büroschrank, der Warenwert beträgt 640,00 €, die MwSt. beträgt 102,40 €.
2. Wir verkaufen an einen Privatkunden eine Klorollenhalter (Handelsware) zu einem Endpreis von 17,40 € gegen Barzahlung.
3. Wir kaufen Briefumschläge für das Büro gegen Barzahlung. Auf dem Kassenzettel sind brutto 15,66 € ausgewiesen.
4. Wir schicken einem Kunden die Rechnung für eine Reparaturleistung. Nettobetrag: 65,00 €, MwSt. 10,40 €.
5. Wir kaufen Toner für den Kopierer und zahlen bar. Warenwert 26,00 €, MwSt. 4,16 €.
6. Wir schicken einem Kunden eine Rechnung über ein Handwaschbecken mit Armatur zum Komplettpreis von 696,00 € (einschließlich der MwSt.).

S	Geschäftsausstattung	H	S	Umsatzerlöse		H
AB	5300,00			Kasse	15,00	
VLL	640,00			FLL	65,00	
				FLL	600,00	

S	Forderungen	H	S	Büromaterial		H
AB	3.600,00		Ka	13,50		
Ue/USt.	75,40		Ka	26,00		
Ue/USt.	696,00					

S	Kasse		H
AB	500,00	Bm/VSt.	15,66
Ue/USt.	17,40	Bm/VSt.	30,16

S	Vorsteuer		H
VLL	102,40		
Ka	2,16		
Ka	4,16		

S	Verbindlichkeiten		H
		AB	1.350,00
		BGA/VSt.	742,40

S	Umsatzsteuer		H
		Ka	2,40
		FLL	10,40
		FLL	96,00

4.8 Zahllast/Vorsteuerüberhang am Jahresende

Installateur Zellner gab einige Tage nach Abschluss jeden Monats die Umsatzsteuervoranmeldung beim Finanzamt ab, aus der die jeweilige Zahllast bzw. der Vorsteuerüberhang ersichtlich war. Eine Zahllast wurde von ihm gleichzeitig mittels Banküberweisung beglichen und gebucht. Auch der im Falle eines Vorsteuerüberhangs vom Finanzamt unverzüglich zurück überwiesene Betrag wurde so behandelt. Damit waren Umsatzsteuerkonto bzw. Vorsteuerkonto nach jedem Abrechnungszeitraum ausgeglichen.

Zum Jahresabschluss kann er zwar noch die Zahllast bzw. den Vorsteuerüberhang des letzten Abrechnungszeitraums ermitteln, eine Begleichung kann aber erst im Folgejahr stattfinden. Dadurch besteht zum Zeitpunkt des Jahresabschlusses eine Verbindlichkeit bzw. eine Forderung gegenüber dem Finanzamt. Dies wird in der Bilanz festgehalten.

Aufgabe 1

Für den Monat Dezember ergab sich nach Verrechnung der Vorsteuer mit der Umsatzsteuer noch eine Zahllast in Höhe von 560,00 €.
Buche diese Zahllast auf das Schlussbilanzkonto.

Buchung:

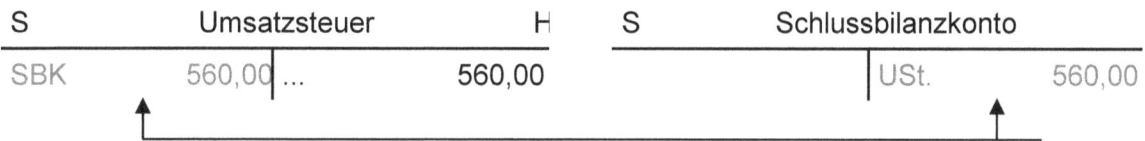

Das Übertragen einer Zahllast in das Schlussbilanzkonto nennt man
Passivierung der Zahllast.

Aufgabe 2

Wie muss gebucht werden, wenn sich für den Monat Dezember ein Vorsteuerüberhang in Höhe von 230,00 € ergibt?
Buche diesen Vorsteuerüberhang auf das Schlussbilanzkonto.

Buchung:

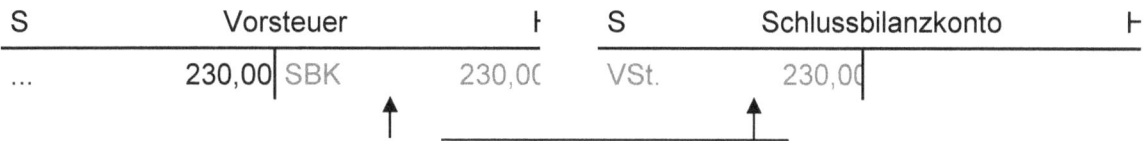

Das Übertragen eines Vorsteuerüberhangs in das Schlussbilanzkonto nennt man
Aktivierung des Vorsteuerüberhangs.

4.9   Die Steuereinnahmen des Staates

Im Jahr 2002 sind in Deutschland folgende Steuereinnahmen angefallen:

Einfuhrumsatzsteuer	32.732.000.000 €
Einkommenssteuer	21.564.000.000 €
Gewerbesteuer	23.489.000.000 €
Grundsteuer	9.261.000.000 €
Kfz-Steuer	7.592.000.000 €
Lohnsteuer	132.190.000.000 €
Mineralölsteuer	42.193.000.000 €
Solidaritätszuschlag	10.403.000.000 €
Tabaksteuer	13.778.000.000 €
Umsatzsteuer	105.463.000.000 €
Versicherungssteuer	8.327.000.000 €
Zinsabschlag	8.478.000.000 €
Sonstige Steuern	? €
Gesamtsteueraufkommen	441.705.000.000 €

Aufgabe 1

a)   Stelle fest, wie hoch die Summe der sonstigen Steuern war.

b)   Ordne die Steuereinnahmen der Höhe nach.

c)   Stelle die Steuereinnahmen in dieser Anordnung in einem Säulendiagramm dar.

d)   Wie hoch ist der Prozentanteil der Umsatzsteuer am Gesamtsteueraufkommen?

e)   Erkundige dich über aktuellere Zahlen zum Steueraufkommen in Deutschland, evtl.
     auf der Web-Site des Bundesministeriums für Finanzen.
     Welche Unterschiede lassen sich dabei zu den Vorjahren erkennen?

Lösung Aufgabe 1

a+b)

Lohnsteuer	132.190.000.000 €
Umsatzsteuer	105.463.000.000 €
Mineralölsteuer	42.193.000.000 €
Einfuhrumsatzsteuer	32.732.000.000 €
Gewerbesteuer	23.489.000.000 €
Einkommenssteuer	21.564.000.000 €
Tabaksteuer	13.778.000.000 €

Solidaritätszuschlag	10.403.000.000 €
Grundsteuer	9.261.000.000 €
Zinsabschlag	8.478.000.000 €
Versicherungssteuer	8.327.000.000 €
Kfz-Steuer	7.592.000.000 €
Sonstige Steuern	26.235.000.000 €
Gesamtsteueraufkommen	441.705.000.000 €

c)

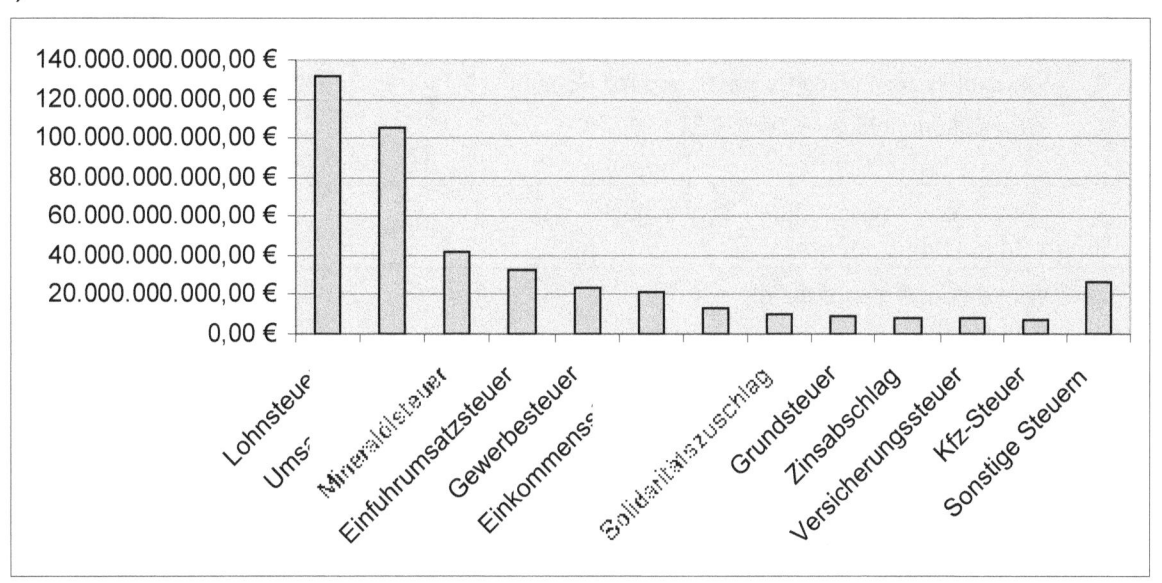

d) Der Anteil der Umsatzsteuer am Gesamtsteueraufkommen beträgt $\boxed{ca.\ 24\ \%}$.

Aufgabe 2

1. Bilde die Buchungssätze zu den nachfolgenden Geschäftsfällen. Berechne die fehlenden Beträge.

1.	Einkauf von Waren auf Ziel: Nettowarenwert	3.200,00		
	+ 16 % USt.		512,00	3.712,00
2.	Ein Kunde zahlt seine Rechnung bar.			1.800,00
3.	Barverkauf von Waren	4.400,00		
	+ 16 % USt.		704,00	5.104,00
4.	Wir zahlen die Lieferantenrechnung mit Scheck.			3.790,00
5.	Tageslosung inklusive 16 % USt.			4.570,69
			3940,25	630,44
6.	Wir zahlen Provision durch Bankscheck.	840,00		
	+ 16 % USt.		134,40	974,40
7.	Wir kaufen Waren auf Ziel.	2.740,00		
	+ 16 % USt.		438,40	3.178,40
8.	Barverkauf eines gebrauchten Kopierers	211,21		
	inklusive 16 % USt.		33,79	245,00
9.	Wareneinkauf gegen Barzahlung; Warenwert	4.200,80		
	+ 16 % USt.		672,13	4872,93
10.	Abbuchung der Stromrechnung für das Geschäft vom Bankkonto	675,10		
	+ 16 % USt.		108,02	783,12
11.	Ein Rollcontainer für das Büro wird mit EC-Karte bezahlt.	380,00		
	+ 16 % USt.		60,80	440,80
12.	Fällige Gewerbesteuer wird durch die Bank überwiesen.			320,15
13.	Der Kundendienst-Monteur stellt uns für die Reparatur eines Kühlgerätes in Rechnung.	231,80		
	+ 16 % USt.		37,09	268,89
14.	Warenverkauf auf Ziel, Warenwert	4.256,25		
	+ 16 % USt.		681,00	4.937,25
15.	Ein Kunde überweist auf unser Bankkonto.			3.720,00
16.	Kauf eines Pkws für das Geschäft	28.800,00		
	Baranzahlung 8.000,00 €, der Rest wird später überwiesen			
	+ 16 % USt.		4.608,00	33.408,00

2. Übertrage folgende Anfangsbestände:

BGA	56.000,00	Bank	23.480,00
Fuhrpark	62.000,00	Kasse	4.850,00
FLL	12.400,00	VLL	14.370,00
Waren	12.500,00	Eigenkapital	156.860,00

Warenendbestand lt. Inventur	13.800,00

3. Buche die Geschäftsfälle in den Konten und schließe alle Konten ab.

Nr.	Buchungssatz	Soll (€)	Haben (€)
1.			
2.			
3.			
4.			
5.			
6.			
7.			
8.			
9.			
10.			
11.			
12.			
13.			
14.			

15.			
16.			

S	Betriebs- u. Geschäftsausstattung	H		S	Verbindlichkeiten a. LL	H

S	Fuhrpark	H		S	Fremdinstandhaltung	H

S	Forderungen a. LL	H		S	Vertriebsprovision	H

S	Waren	H		S	Gewerbesteuer	H

S	Bank	H		S	Umsatzerlöse f. Waren	H

S	Kasse	H

S	Vorsteuer	H

S	Aufwendungen f. Waren	H

S	Umsatzsteuer	H

S	Aufwendungen f. Energie	H

S	Eigenkapital	H

S	GuV	H

S	SBK	H

Lösung Aufgabe 2

Nr.		Buchungssatz	Soll (€)	Haben (€)
1.		Aufwendungen für Waren	3.200,00	
		Vorsteuer	512,00	
	an	Verbindlichkeiten aus LL		3.712,00
2.		Kasse	1.800,00	
	an	Forderungen aus LL		1.800,00
3.		Kasse	5.104,00	
	an	Umsatzerlöse für Waren		4.400,00
	an	Umsatzsteuer		704,00
4.		Verbindlichkeiten aus LL	3.790,00	
	an	Bank		3.790,00
5.		Kasse	4.570,69	
	an	Umsatzerlöse für Waren		3.940,25
	an	Umsatzsteuer		630,44
6.		Vertriebsprovision	840,00	
		Vorsteuer	134,40	
	an	Bank		974,40
7.		Aufwendungen für Waren	2.740,00	
		Vorsteuer	438,40	
	an	Verbindlichkeiten aus LL		3.178,40
8.		Kasse	245,00	
	an	Betriebs- und Geschäftsausstattung		211,21
	an	Umsatzsteuer		33,79
9.		Aufwendungen f. Waren	4.200,80	
		Vorsteuer	672,13	
	an	Kasse		4.872,93
10.		Aufwendungen für Energie	675,10	
		Vorsteuer	108,02	
	an	Bank		783,12
11.		Betriebs- und Geschäftsausstattung	380,00	
		Vorsteuer	60,80	
	an	Bank		440,80
12.		Gewerbesteuer	320,15	
	an	Bank		320,15
13.		Fremdinstandhaltung	231,80	
		Vorsteuer	37,09	
	an	Verbindlichkeiten a. LL		268,89
14.		Forderungen aus LL	4.937,25	
	an	Umsatzsteuer		681,00
	an	Umsatzerlöse für Waren		4.256,25

15.		Bank	3.720,00	
	an	Forderungen aus LL		3.720,00
16.		Fuhrpark	28.800,00	
		Vorsteuer	4.608,00	
	an	Kasse		8.000,00
	an	Verbindlichkeiten		25.408,00

S	Betriebs- u. Geschäftsausstattung		H
AB	56.000,00	Ka	211,21
Ba	380,00	SBK	56.168,79
	56.380,00		56.380,00

S	Verbindlichkeiten a. LL		H
Ba	3.790,00	AB	14.370,00
SBK	43.147,29	AfW/VSt	3.712,00
		AfW/VSt	3.178,40
		FInst/VSt	268,89
		Fu/VSt	25.408,00
	46.937,29		46.937,29

S	Fuhrpark		H
AB	62.000,00	SBK	90.800,00
Ka/VLL	28.800,00		
	90.800,00		90.800,00

S	Fremdinstandhaltung		H
VLL	231,80	GuV	231,80

S	Forderungen a. LL		H
AB	12.400,00	Ka	1.800,00
UfW/USt	4.937,25	Ba	3.720,00
		SBK	11.817,25
	17.337,25		17.337,25

S	Vertriebsprovision		H
Ba	840,00	GuV	840,00

S	Waren		H
AB	12.500,00	SBK	13.800,00
AfW	1.300,00		
	13.800,00		13.800,00

S	Gewerbesteuer		H
Ba	320,15	GuV	320,15

S	Bank		H
AB	23.480,00	VLL	3.790,00
FLL	3.720,00	VProv/VSt	974,40
		AfE/VSt	783,12
		BGA/VSt	440,80
		G-Steuer	320,15
		SBK	20.891,53
	27.200,00		27.200,00

S	Umsatzerlöse f. Waren		H
GuV	12.596,50	Ka	4.400,00
		Ka	3.940,25
		FLL	4.256,25
	12.596,50		12.596,50

S	Kasse		H
AB	4.850,00	AfW/VSt	4.872,93
FLL	1.800,00	Fu/VSt	8.000,00
UfW/USt	5.104,00	SBK	3.696,76

S	Vorsteuer		H
VLL	512,00	USt	2.049,23
Ba	134,40	SBK	4.521,61
VLL	438,40		

UfW/USt	4.570,69		Ka	672,13	
BGA/USt	245,00		Ba	108,02	
	16.569,69	16.569,69	Ba	60,80	
			VLL	37,09	
			Ka/VLL	4.608,00	
				6.570,84	6.570,84

S	Aufwendungen f. Waren		H
VLL	3.200,00	Wa	1.300,00
VLL	2.740,00	GuV	8.840,80
Ka	4.200,80		
	10.140,80		10.140,80

S	Umsatzsteuer		H
VSt	2.049,23	Ka	704,00
		Ka	630,44
		Ka	33,79
		FLL	681,00
	2.049,23		2.049,23

S	Aufwendungen f. Energie		H
Ba	675,10	GuV	675,10

S	Eigenkapital		H
SBK	158.548,65	AB	156.860,00
		GuV	1.688,65
	158.548,65		158.548,65

S	GuV		H
Fr.-Inst.	231,80	UfW	12.596,50
V.-Prov.	840,00		
AfW	8.840,80		
AfE	675,10		
GewSt	320,15		
EK	1688,65		
	12.596,50		12.596,50

S	SBK		H
BGA	56.168,79	Eigenkapital	158.548,65
Fuhrpark	90.800,00	Verb. a. LL	43.147,29
Waren	13.800,00		
FLL	11.817,25		
Bank	20.891,53		
Kasse	3.696,76		
VSt.	4.521,61		
	201.695,94		201.695,94

5   * Das Privatkonto

Ein Kaufmann hat in der Regel kein Einkommen, außer dem Gewinn aus seinem eigenen Geschäft. Der Gewinn wird aber normalerweise nur einmal im Jahr ausgewiesen. Während des Jahres nimmt sich der Unternehmer das Geld, das er für sich und seine Familie zum Leben braucht, aus dem Geschäft, indem er Bargeld aus der Kasse nimmt oder über das betriebliche Bankkonto für private Zwecke verfügt. Er kann auch die Waren, die er in seinem Geschäft anbietet, für sich privat entnehmen. Man spricht hier von **Privatentnahmen**.

Auf der anderen Seite lässt der Unternehmer aber auch einen Teil seines Gewinnes ins Unternehmen zurückfließen oder er bringt sonstiges Privatvermögen (Grundstücke, Erbschaften, Lottogewinne, …) ein. Durch diese so genannten **Privateinlagen** erhöht sich das Eigenkapital seines Unternehmens.

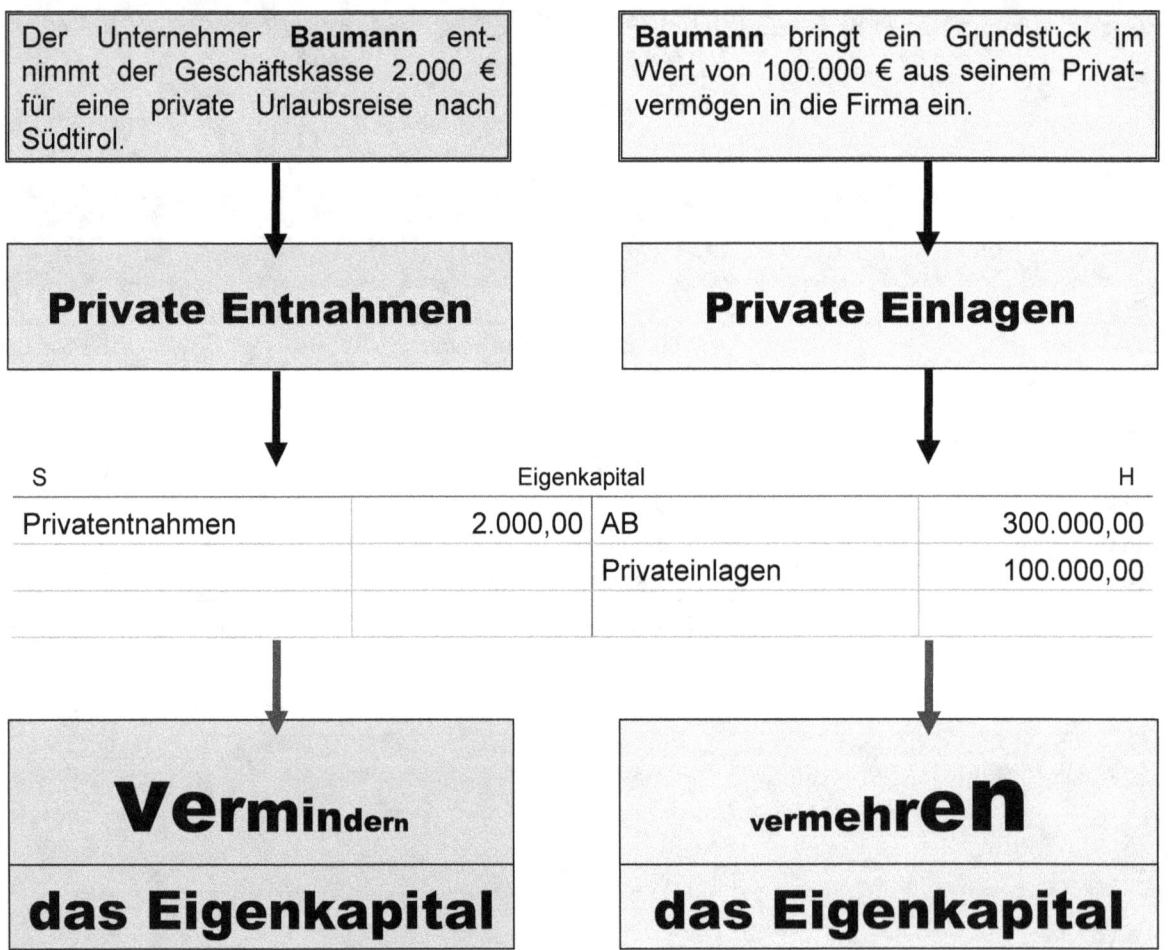

Das Eigenkapital ändert sich nicht nur durch Aufwendungen und Erträge, sondern auch durch Privatentnahmen und Privateinlagen.

Private Entnahmen vermindern das Eigenkapital, aber nicht den Gewinn.

Private Einlagen vermehren das Eigenkapital, aber nicht den Gewinn.

5.1 Das Privatkonto in der Buchhaltung

Private Entnahmen und **Einlagen** werden wegen der Übersichtlichkeit nicht direkt im Eigenkapitalkonto, sondern auf einem neuen Konto, dem **Privatkonto,** gebucht**.**

Ein Privatkonto wird nur bei Einzelunternehmen und Personengesellschaften geführt. Es zeigt alle Veränderungen des Eigenkapitals, die durch die Beziehungen zwischen privatem Bereich und Betrieb verursacht werden.

Als Unterkonto wird das Privatkonto über das Eigenkapitalkonto abgeschlossen. Beim Abschluss des Privatkontos können sich z. B. folgende Fälle ergeben:

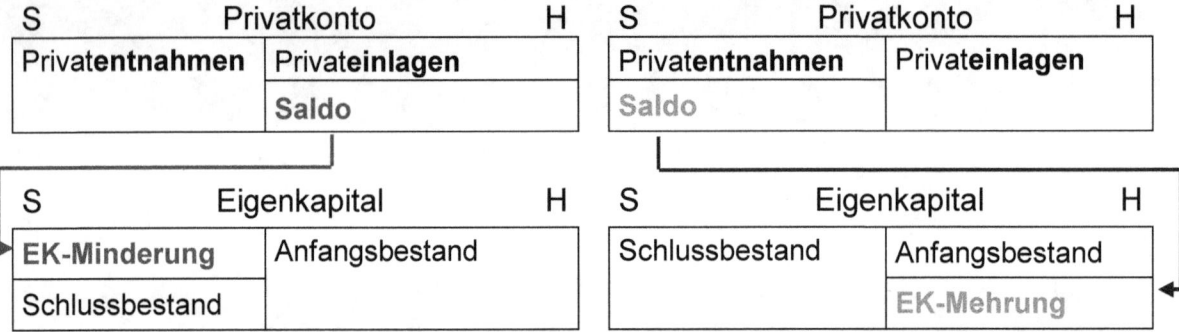

5.2 Privatentnahme

Aufgabe

Bilde die Buchungssätze, buche in den Konten und schließe das Eigenkapitalkonto ab.

1.	Der Inhaber entnimmt der Geschäftskasse für seinen Haushalt:	2.000,00 €
2.	Er lässt für seine Lebensversicherung durch die Bank überweisen:	3.400,00 €

Buchungssätze:

1. Privat	an	Kasse	2.000,00
2. Privat	an	Bank	3.400,00

Vorbereitende Abschlussbuchung:

Eigenkapital	an	Privat	5.400,00

S	Kasse	H	S	Bank	H

AB	3.000,00	Privat	2.000,00	AB	20.000,00	Privat	3.400,00

S	Privat		H	S	Eigenkapital		H
Kasse	2.000,00	EK	5.400,00	Privat	5.400,00	AB	230.000,00
Bank	3.400,00			SBK	233.600,00	GuV	9.000,00
	5.400,00		5.400,00		239.000,00		239.000,00

5.3 Privateinlage

Bilde den Buchungssatz, buche in den Konten und schließe das Eigenkapitalkonto ab.

Der Inhaber überweist auf das Geschäftskonto	10.000,00 €

Buchungssätze:

Bank	an	Privat	10.000,00

Vorbereitende Abschlussbuchung:

Privat	an	Eigenkapital	4.600,00

S	Kasse		H
AB	3.000,00	Privat	2.000,00

S	Bank		H
AB	20.000,00	Privat	3.400,00
Privat	10.000,00		

S	Privat		H
Kasse	2.000,00	Bank	10.000,00
Bank	3.400,00		
EK	4.600,00		
	10.000,00		10.000,00

S	Eigenkapital		H
SBK	243.600,00	AB	230.000,00
		GuV	9.000,00
		Privat	4.600,00
	243.600,00		243.600,00

5.4 Steuerfreie und steuerpflichtige private Vorgänge

Private Entnahmen

Entnahme von Geld

Entnahme von Waren

Baumann bezahlt die Tagesmutter aus der Geschäftskasse.

Baumann weist seinen Buchhalter an, die Einkommenssteuervorauszahlung zu überweisen.

Baumann nimmt für sich einen Jogginganzug aus dem Lager

Er stellt seiner Ehefrau einen Drucker aus dem Betrieb zur Verfügung.

Die Geldentnahme ist **nicht umsatzsteuerpflichtig**.

Die Entnahme von Waren ist **umsatzsteuerpflichtig**. Der Unternehmer wird wie jeder Konsument behandelt.

Aufgabe 1

Überlege dir weitere Beispiele für Privatentnahmen, die der Unternehmer Baumann tätigen könnte. Unterscheide, ob sie umsatzsteuerpflichtig sind oder nicht.

Beispiele	USt-pflichtig	
	ja	nein
Baumann überweist die private Telefonrechnung vom Geschäftskonto.		X
Als Geschenk für seinen Sohn nimmt er ein Fahrrad aus dem Lager.	X	
Er nimmt Kopierpapier für den Drucker mit nach Hause.	X	
Er nimmt sich Geld aus der Kasse und kauft sich eine Brotzeit.		X

Schau dir die nachfolgenden Geschäftsfälle an und entscheide, ob es sich um eine private Einlage, eine Privatentnahme oder einen betrieblichen Vorgang handelt.

Unternehmer Baumann bezahlt seine private Krankenversicherung durch Überweisung von dem Geschäftskonto.	Privatentnahme
Frau Baumann nimmt ein Fahrrad für ihren Sohn als Geschenk aus dem Lager.	Privatentnahme
Eine betriebliche Lieferschuld wird durch Überweisung vom privaten Bankkonto des Unternehmers Baumann bezahlt.	Private Einlage
Ein Drucker wird für die Buchhaltung gekauft.	Betrieblicher Vorgang
Für den Privathaushalt wird Geld aus der Kasse entnommen.	Privatentnahme
Ein Ölgemälde wird für das Chefbüro angeschafft.	Betrieblicher Vorgang
Ein Lottogewinn wird in die Kasse gelegt.	Private Einlage
Der Inhaber bringt ein Grundstück im Wert von 180.000 EUR aus seinem Privatvermögen in die Firma ein.	Private Einlage
Der Betriebsausflug wird vom Bankkonto des Unternehmens bezahlt.	Betrieblicher Vorgang

5.5 Buchungen auf dem Privatkonto mit umsatzsteuerpflichtigen Entnahmen

Herr Baumann entnimmt Joggingschuhe für seinen Sohn aus dem Warenlager. Der Wert der Schuhe beträgt 45,00 € + 7,20 € Umsatzsteuer (16 %).

Im Sportgeschäft des Herrn Baumann sind Kunden sehr gerne gesehen, da sie Ware kaufen und damit für Umsatz sorgen. In unserem Geschäftsfall ist Herr Baumann der Kunde seines eigenen Geschäftes. Buchhalterisch wird seine Warenentnahme im Prinzip ebenso erfasst, wie bei seinen Kunden. Damit man aber diese „privaten Umsätze" von Umsätzen mit den echten Kunden unterscheiden kann, werden die „baumännischen" Umsätze auf einem eigenen Konto erfasst.

Buchung im Falle eines Kundeneinkaufs
Kunde

Buchung bei Privatentnahme
Unternehmer Baumann

Konto	Soll	Haben		Konto	Soll	Haben
Kasse	52,20			Privat	52,20	
UfW		45,00		Entnahme von Gegenständen und sonstigen Leistungen (EGL)		45,00
Unsatzsteuer		7,20		Umsatzsteuer		7,20

5.6   Abschluss der Privatkonten

Das Konto **Privat** ist ein **Unterkonto des Kontos Eigenkapital** und wird deshalb **direkt** über das Konto **Eigenkapital** abgeschlossen.

Das Konto **Entnahme von Gegenständen und sonstigen Leistungen** ist ein **Ertragskonto** und wird somit über **GuV** abgeschlossen.

Aufgabe 1

Buche den Geschäftsfall des Herrn Baumann (Vorseite) und schließe die Konten "Privat" und „Entnahme von Gegenständen und sonstigen Leistungen" (EGL) ab.

S	Privat		H		S	Entnahme von Gegenständen und sonst. Leistungen		H
Kasse	550,00	EK	602,20		GuV	45,00	Privat	45,00
EGL/USt	52,20							
	602,20		602,20					

S	Umsatzsteuer		H
		Privat	7,20

S	Eigenkapital		H		S	GuV		H
Privat	602,20						EGL	45.00

Aufgabe 2

Bilde die Buchungssätze. Berechne die fehlenden Steuern.

1.	Barentnahme für eine private Urlaubsreise nach Ungarn	3.060,00
2.	Eingangsrechnung über Reparaturarbeiten am Geschäftshaus + 16% MwSt.	40.400,00 6.464,00
3.	Ein Lottogewinn wird in die Kasse gelegt.	145,00
4.	Auf dem Bankkonto geht eine Erbschaft ein.	15.800,00
5.	Banküberweisung der Miete für die Privatwohnung	1.400,00
6.	Für den eigenen Gebrauch entnimmt der Inhaber einen Volleyball aus dem Lager: Warenwert + USt 16 %	60,00 9,60
7.	Barentnahme für den Privathaushalt	750,00

8.	Barkauf eines Blumengebindes für einen Kunden zur Geschäftseröffnung, brutto	181,00
	incl. USt 16 %	24,97
9.	private Spende an das Rote Kreuz, bar	180,00
10.	Eine betriebliche Lieferschuld von 2.550 € wird vom Privatkonto überwiesen.	2.550,00
11.	Übernahme des privaten Pkw des Inhabers als Geschäftswagen	17.000,00
12.	Für die Hochzeitsfeier seiner Tochter werden 6.500 Euro überwiesen.	6.500,00

Nr.	Buchungssatz		Soll	Haben
1.		Privat	3.060,00	
	an	Kasse		3.060,00
2.		Fremdinstandhaltung	40.400,00	
		Vorsteuer	6.464,00	
	an	VLL		46.864,00
3.		Kasse	145,00	
	an	Privat		145,00
4.		Bank	15.800,00	
	an	Privat		15.800,00
5.		Privat	1.400,00	
	an	Bank		1.400,00
6.		Privat	69,60	
	an	Entnahme von Gegenständen und sonst. Leistungen (EGL)		60,00
	an	Umsatzsteuer		9,60
7.		Privat	750,00	
	an	Kasse		750,00
8.		Werbung	156,03	
		Vorsteuer	24,97	
	an	Kasse		181,00
9.		Privat	180,00	
	an	Kasse		180,00
10.		VLL	2.550,00	
	an	Privat		2.550,00
11.		Fuhrpark	17.000,00	
	an	Privat		17.000,00
12.		Privat	6.500,00	
	an	Bank		6.500,00

Bilde die Buchungssätze, buche in den Konten und schließe die Konten „Privat" und „Entnahme von Gegenständen und Leistungen" ab.

Geschäftsfälle:

1.	Der Einzelhändler Schneider entnimmt der Geschäftskasse für private Zwecke	3.000,00
2.	Er entnimmt seinem Geschäft Waren für den Privathaushalt. Der Nettowarenwert beträgt	600,00
3.	Herr Schneider legt einen Lottogewinn in die Geschäftskasse ein.	1.000,00

Buchungssätze:

Nr.	Buchungssatz		Soll	Haben
1.		Privat	3.000,00	
	an	Kasse		3.000,00
2.		Privat	696,00	
	an	Entnahme von Gegenständen und Leistungen		600,00
	und	USt.		96,00
3.		Kasse	1.000,00	
	an	Privat		1.000,00

S	Privat		H		S	Entnahme v. G. u. s. L.		H
Ka	3.000,00	Kasse	1.000,00		GuV	600,00	Privat	600,00
EGL/USt.	696,00	EK	2.696,00					
	3.696,00		3.696,00					

S	EK		H		S	Kasse		H
Privat	2.696,00	AB	80.000,00		AB	4.000,00	Privat	3.000,00
					Privat	1.000,00		

S	Umsatzsteuer		H		S	GuV		H
		Privat	96,00				EGL	600,00

Bilde die Buchungssätze, buche in den Konten und schließe die Konten „Privat" und „Entnahme von Gegenständen und Leistungen" ab.

Geschäftsfälle:

1.	Entnahme von Waren für den privaten Verbrauch, brutto	1.088,00
2.	Barentnahme aus der Kasse für eine Urlaubsreise nach Spanien	1.000,00
3.	Privateinlage auf das Bankkonto des Inhabers	6.000,00
4.	Der Buchhalter überweist die private Lebensversicherung des Inhabers.	500,00
5.	Der Inhaber kauft eine Couch für seine Privatwohnung, die aus der Geschäftskasse bezahlt wird.	1.200,00

Buchungssätze:

Nr.	Buchungssatz		Soll	Haben
1.		Privat	1.088,00	
	an	Entnahme von Gegenständen und Leistungen		937,93
	und	USt.		150,07
2.		Privat	1.000,00	
	an	Kasse		1.000,00
3.		Bank	6.000,00	
	an	Privat		6.000,00
4.		Privat	500,00	
	an	Bank		500,00
5.		Privat	1.200,00	
	an	Kasse		1.200,00

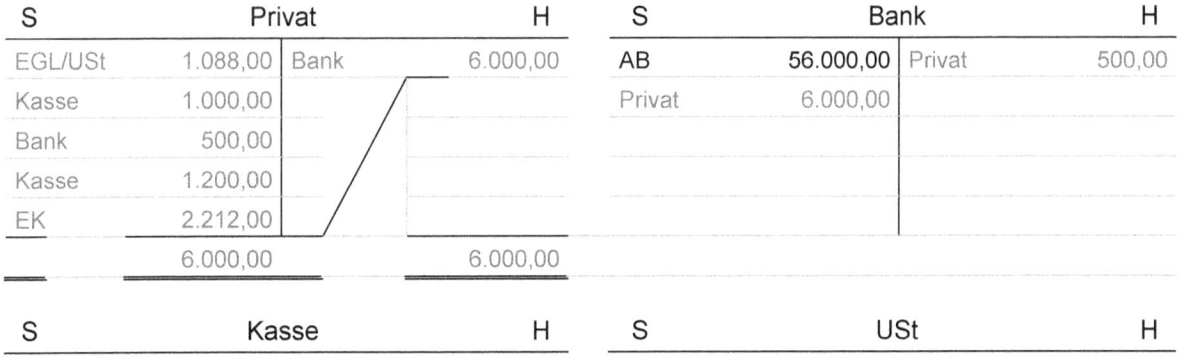

S	Privat		H
EGL/USt	1.088,00	Bank	6.000,00
Kasse	1.000,00		
Bank	500,00		
Kasse	1.200,00		
EK	2.212,00		
	6.000,00		6.000,00

S	Bank		H
AB	56.000,00	Privat	500,00
Privat	6.000,00		

S	Kasse	H		S	USt	H

AB	5.000,00	Privat	1.000,00			Privat	150,07
		Privat	1.200,00				

S	Entnahme v. G. u. s. L.		H	S	GuV		H
GuV	937,93	Privat	937,93			EGL	937,93

S	Eigenkapital		H
		AB	80.000,00
		Privat	2.212,00

Erledige die Buchhaltung für die Bauunternehmung Rothenburger:

1. Trage folgende Anfangsbestände in die Konten ein.

Grundstücke	150.000,00
BGA	76.000,00
Bank	25.000,00
Kasse	8.000,00
Eigenkapital	740.000,00

2. Bilde die Buchungssätze und buche in den Konten.
3. Schließe das Privatkonto zum Monatsende durch eine „vorbereitende Abschlussbuchung" ab.

Geschäftsfälle:

1.	Herr Rothenburger baut eine Gartenmauer auf seinem Privatgrundstück und entnimmt Waren im Wert von + USt.	2.500,00 400,00
2.	Herr Rothenburger hebt vom Bankkonto ab: Haushaltsgeld Geld für die Portokasse des Geschäfts	 3.500,00 300,00
3.	Herr Rothenburger spendet privat für die Welthungerhilfe. Banküberweisung vom Geschäftskonto	 1.400,00
4.	Tochter Annette erhält Taschengeld aus der Geschäftskasse.	200,00
5.	Banküberweisungen für Einkommensteuer des Unternehmers Rothenburger Gewerbesteuer des Unternehmens	 8.600,00 3.900,00
6.	Ein Teil des Privatgrundstücks wird als Lagerplatz für Baustoffe und Abstellplatz für Baufahrzeuge dem Betriebsvermögen überschrieben. Wert:	 10.000,00
7.	Die Kfz-Versicherungsbeiträge werden abgebucht: Geschäftswagen Privatwagen	 1.700,00 800,00
8.	Herr Rothenburger zahlt eine Erbschaft auf das Bankkonto des Geschäfts ein.	 5.000,00
9.	Die Rechnung eines Reisebüros für eine gebuchte Ferienreise nach Korfu wird überwiesen.	 6.200,00
10.	Banküberweisung der Monatsmiete für Sohn Moritz, der nicht mehr in der elterlichen Wohnung lebt.	 600,00

11.	Ein Gemälde aus der Privatwohnung wird dem Betriebsvermögen überschrieben und hängt nun im Büro des Chefs der Bauunternehmung.	2.700,00
12.	Banküberweisung des Krankenkassenbeitrags der Familie Rothenberger	1.100,00
13.	Die Hotelrechnung einer Geschäftsreise wird inklusive USt. überwiesen.	232,00

1.

Konto	Soll	Haben

2.

Konto	Soll	Haben

3.

Konto	Soll	Haben

4.

Konto	Soll	Haben

5.

Konto	Soll	Haben

6.

Konto	Soll	Haben

7.

Konto	Soll	Haben

8.

Konto	Soll	Haben

9.

Konto	Soll	Haben

10.

Konto	Soll	Haben

11.

Konto	Soll	Haben

12.

Konto	Soll	Haben

13.

Konto	Soll	Haben

S	Unbebaute Grundstücke	H		S	Vorsteuer	H

S	BGA	H		S	Entnahme v. Gegenst. u. L.	H

S	Bank	H		S	Privat	H

S	Kasse	H		S	USt	H

S	Versicherungen	H		S	Reisekosten	H

S	Betriebl. Steuern	H

S	EK	H

1.

Konto	Soll	Haben
Privat	2.900,00	
an EGL		2.500,00
+ USt		400,00

2.

Konto	Soll	Haben
Privat	3.500,00	
Kasse	300,00	
an Bank		3.800,00

3.

Konto	Soll	Haben
Privat	1.400,00	
an Bank		1.400,00

4.

Konto	Soll	Haben
Privat	200,00	
an Kasse		200,00

5.

Konto	Soll	Haben
Privat	8.600,00	
Steuern	3.900,00	
an Bank		12.500,00

6.

Konto	Soll	Haben
Unb. Grundst.	10.000,00	
an Privat		10.000,00

7.

Konto	Soll	Haben
Vers.-beiträge	1.700,00	
Privat	800,00	
an Bank		2.500,00

8.

Konto	Soll	Haben
Bank	5.000,00	
an Privat		5.000,00

9.

Konto	Soll	Haben
Privat	6.200,00	
an Bank		6.200,00

10.

Konto	Soll	Haben
Privat	600,00	
an Bank		600,00

11.

Konto	Soll	Haben
BGA	2.700,00	
an Privat		2.700,00

12.

Konto	Soll	Haben
Privat	1.100,00	
an Bank		1.100,00

13.

Konto	Soll	Haben

Reisekosten	200,00	
Vorsteuer	32,00	
an Bank		232,00

S	Unbebaute Grundstücke		H
AB	150.000,00		
Privat	10.000,00		

S	Vorsteuer		H
Bank	32,00		

S	BGA		H
AB	76.000,00		
Privat	2.700,00		

S	Entnahme v. Gegenst. u. L.		H
		Privat	2.500,00

S	Bank		H
AB	25.000,00	Priv./Ka.	3.800,00
Privat	5.000,00	Privat	1.400,00
		Priv./B.St.	12.500,00
		Priv./Vers.	2.500,00
		Privat	6.200,00
		Privat	600,00
		Privat	1.100,00
		RK/Vst.	232,00

S	Privat		H
EGL/USt	2.900,00	Unb.Gr.	10.000,00
Bank	3.500,00	Bank	5.000,00
Bank	1.400,00	BGA	2.700,00
Kasse	200,00	**EK**	**7.600,00**
Bank	8.600,00		
Bank	800,00		
Bank	6.200,00		
Bank	600,00		
Bank	1.100,00		
	25.300,00		25.300,00

S	Kasse		H
AB	8.000,00	Privat	200,00
Bank	300,00		

S	USt		H
		Privat	400,00

S	Versicherungen		H
Bank	1.700,00		

S	Reisekosten		H
Bank	200,00		

S	Betriebl. Steuern		H
Bank	3.900,00		

S	EK		H
Privat	**7.600,00**	AB	740.000,00

6 Die Abschreibung

Anlagegüter wie z. B. ein Gebäude, einen Schreibtisch, eine Ladentheke, einen PC oder ein Fahrzeug nutzt das Unternehmen langfristig.

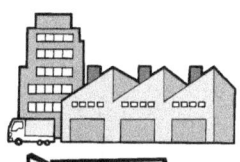

Durch den täglichen Gebrauch verlieren diese Güter an Wert. Aber auch wenn sie nicht in Gebrauch sind, nimmt der Wert z. B. durch Alterung ab. Deshalb müssen die Bestände in den Anlagekonten immer wieder auf den neuesten, verminderten Wert gebracht werden (Buchung auf der Habenseite des Anlagekontos).

Die Gegenbuchung zu dieser Wertminderung erfolgt auf dem Aufwandskonto **Abschreibungen.** Da allerdings nur ein Verkauf des Anlagegutes den Wertverlust genau feststellen würde, ist die Wertminderung, die gebucht wird, aus Listen des Finanzamtes zu ermitteln. Folglich ist auch der auf dem Schlussbilanzkonto ausgewiesene Wert nur ein Schätzwert.

6.1 Afa-Tabelle[*]

	Anlagegüter	Nutzungsdauer in Jahre
1	**Unbewegliches Anlagevermögen**	
1.1	Hallen in Leichtbauweise	14
1.5	Baracken und Schuppen	16
1.7	Bierzelte	8
1.11	Laderampen	25

2	**Grundstückseinrichtungen**	
2.1	Fahrbahnen, Parkplätze und Hofbefestigungen	9
2.4	Außenbeleuchtung, Straßenbeleuchtung	19
2.8	Grünanlagen	15
2.9	Golfplätze	20

3	**Betriebsanlagen allgemeiner Art**	
3.1.2	Stromerzeugung (Gleichrichter, Ladeaggregate, Notstromaggregate, Stromgeneratoren, Stromumformer usw.)	19
3.1.7	Solaranlagen	10
3.4	Transportanlagen (Förderbänder)	14
3.4.4	Aufzüge, Hebebühnen	15
3.5	Hochregallager	15
3.7	Ladeneinbauten, Gaststätteneinbauten, Schaufensteranlagen u. -einbauten	8

[*]Quelle: **www.bundesfinanzministerium.de**, Stand 2005

	Anlagegüter	Nutzungsdauer in Jahre
3.8	Lichtreklame	9
3.9	Schaukästen, Vitrinen	9
3.10.2	Tank- und Zapfanlagen für Treib- und Schmierstoffe	14
3.10.4	Autowaschanlagen	10

Anlagegüter		Nutzungsdauer in Jahre
4	**Fahrzeuge**	
4.2.1	Personenkraftwagen und Kombiwagen	6
4.2.2	Motorräder, Motorroller, Fahrräder u. ä.	7
4.2.3	Lastkraftwagen, Sattelschlepper, Kipper	9
4.3.1	Flugzeuge unter 20 t höchstzulässigem Fluggewicht	21
4.3.2	Drehflügler (Hubschrauber)	19
4.3.3	Heißluftballone	5
5	**Bearbeitungsmaschinen und Verarbeitungsmaschinen**	
5.1	Abrichtmaschinen	13
5.3	Bohrmaschinen	8
5.6	Drehbänke	16
5.20	Schweißgeräte und Lötgeräte	13
5.23	Verpackungsmaschinen, Folienschweißgeräte	13
5.25	Stempelmaschinen	8
6	**Betriebs- und Geschäftsausstattung**	
6.2	Wirtschaftsgüter der Ladeneinrichtungen	8
6.4	Kühleinrichtungen	8
6.11	Raumheizgeräte (mobil)	9
6.13	Telekommunikationsanlagen	10
6.13.2.2	Mobilfunkendgeräte	5
6.14.3.2	Workstations, Personalcomputer, Notebooks und deren Peripheriegeräte (Drucker, Scanner, Bildschirme u. ä.)	3
6.14.4	Foto-, Film-, Video- und Audiogeräte (Fernseher, CD-Player, Recorder, Lautsprecher, Radios, Verstärker, Kameras, Monitore u. ä.)	7
6.14.7	Registrierkassen	6
6.14.10	Vervielfältigungsgeräte	7
6.15	Büromöbel	13
6.16	Verkaufstheken	10
6.19.5	Kunstwerke (ohne Werke anerkannter Künstler)	15
6.19.6	Waagen (Obst-, Gemüse-, Fleisch u. ä.)	11
7	**Sonstige Anlagegüter**	
7.2.3	Geschirr- und Gläserspülmaschinen	7
7.2.10	Waschmaschinen	10
7.4.1	Getränkeautomaten, Leergutautomaten	7
7.4.2	Warenautomaten	5
7.4.4	Passbildautomaten	5

	Anlagegüter	Nutzungsdauer in Jahre
7.4.5	Visitenkartenautomaten	5
7.5.2	Musikautomaten	8
7.5.4	sonstige Unterhaltungsautomaten (z. B. Flipper)	5
7.7	Kühlschränke	10
7.9	Mikrowellengeräte	8
7.10	Rasenmäher	9
7.11	Toilettenkabinen und Toilettenwagen	9

Merke:

Der buchhalterische Vorgang, Wertminderungen der Anlagegüter zu erfassen, wird **Abschreibung** genannt.

Im Einkommensteuergesetz spricht man von **„Absetzung für Abnutzung (= AfA)"**.

Durch die Abschreibung werden die Anschaffungskosten (aufgrund des jährlichen Wertverlustes) auf die Nutzungsdauer (Jahre) als Aufwand verteilt.

Buchmäßig werden die Wertminderungen des Anlagevermögens auf dem **Aufwandskonto Abschreibungen** erfasst.

6.2   Ursachen der Wertminderung des Anlagevermögens

Es gibt vier Ursachen der Wertminderung:
- ➢   natürlicher Verschleiß
- ➢   technischer Fortschritt
- ➢   wirtschaftliche Überholung
- ➢   technischer Verschleiß/Gebrauch

Aufgabe

Ordne jeder Erklärung die richtige Ursache der Wertminderung zu.

t e c h n i s c h e r   V e r s c h l e i ß / G e b r a u c h

Die Lebensdauer eines Gebrauchsgegenstandes ist vor allem von der Nutzungshäufigkeit abhängig. Häufiger Gebrauch = hoher Verschleiß

n a t ü r l i c h e r   V e r s c h l e i ß

Auch wenn der Gegenstand nicht genutzt wird, würde z. B. durch Rost und Verwitterung eine Wertminderung eintreten.

t e c h n i s c h e r   F o r t s c h r i t t

Wenn neue, technisch verbesserte Geräte auf den Markt kommen, verliert das alte Gerät an Wert.

w i r t s c h a f t l i c h e   Ü b e r h o l u n g

Geht die Nachfrage nach einem Produkt zurück, wird Wertminderung sowohl beim Produkt selbst, als auch bei der zur Herstellung benötigten Maschinen eintreten.

6.3 Der Abschreibungskreislauf

Kauf eines
Lieferwagens
(Anlagevermögen)

Abschreibungen
werden über
Verkaufserlöse
zurückverdient
(Abschreibungsrückfluss)

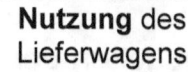
Nutzung des
Lieferwagens

Berücksichtigung der
Abschreibungen
bei der Kalkulation der
Verkaufspreise

| Rechnung |
| .... |
| .... |
| Preis .... |

Wertverlust des Lieferwagens
im Zeitverlauf

Einrechnung der
Abschreibung
in die
**Kosten des Betriebes
(alle Aufwendungen)**

Abschreibung

6.4 Abschreibungen buchen

Die Schreinerei Max Seuffert GmbH kaufte sich im Januar 2005 einen Lieferwagen für 30.000,00 € + 16 % Umsatzsteuer und bezahlte ihn per Banküberweisung.

Der Lieferwagen steht mit 30.000,00 € im Bestandskonto Fuhrpark. Im Laufe des Jahres verliert dieser Lieferwagen 5.000,00 € an Wert. Der Wertverlust muss im Konto Fuhrpark festgehalten werden, da unser Fahrzeug momentan nur noch 25.000,00 € wert ist.

Anschaffungswert	Wertverlust	Saldo (= Buchwert am Ende des ersten Geschäftsjahres)
30.000,00 €	5.000,00 €	25.000,00

Der Wertverlust vermindert das Eigenkapital und stellt deshalb einen Aufwand dar.

Die Buchungssätze lauten:

➢ Abschreibung an Fuhrpark
➢ GuV an Abschreibung

Aufgabe 1

a) Bilde die Buchungssätze.

Kauf des Lieferwagens im Januar 2005 für 30.000 € + 16 % USt.: Banküberweisung:

Konto	Soll	Haben
Fuhrpark	30.000,00	
Vorsteuer	4.800,00	
an Bank		34.800,00

Abschreibung des Lieferwagens am Jahresende:

Konto	Soll	Haben
Abschreibung	5.000,00	
an Fuhrpark		5.000,00

Abschlussbuchungen:

Konto	Soll	Haben
GuV	5.000,00	
Abschreibungen		5.000,00

Konto	Soll	Haben
SBK	25.000,00	
an Fuhrpark		25.000,00

b) Buche in den Konten.

S	Bank		H		S	Vorsteuer		H
AB	50.000,00	Fp/VSt	34.800,00		Bank	4.800,00		

S	Fuhrpark		H		S	Abschreibung		H
Bank	30.000,00	Abschr.	5.000,00		Fuhrp	5.000,00	GuV	5.000,00
		SBK	25.000,00					
	25.000,00		25.000,00					

S	Gewinn- und Verlustkonto	H
Abschreibungen a SA	5.000,00	

S	Schlussbilanzkonto	H
Fuhrpark	25.000,00	

Für die erfolgswirksame Abschreibung auf das abnutzbare Anlagevermögen wird das Konto **Abschreibungen** verwendet.

Wirkung der Abschreibung

➢ Das Anlagevermögen wird durch den Abschreibungsvorgang mit dem Zeitwert (aktuellen Wert) ausgewiesen.

➢ Abschreibungen sind Aufwendungen und mindern damit den zu versteuernden Gewinn.

Um das Unternehmen langfristig erfolgreich führen zu können, müssen Abschreibungen sowie alle Aufwendungen in der Verkaufskalkulation berücksichtigt werden.

Aufgabe 2

Bilde die Buchungssätze.

1.	Abschreibung einer Ladentheke	2.100,00 €
2.	Abschreibung einer Computeranlage	600,00 €
3.	Abschreibung auf Firmen-Kfz	6.000,00 €
4.	Abschreibung eines Lagerregals	1.200,00 €
5.	Abschluss des Kontos „Abschreibungen"	? €

		Soll	Haben
1.			

2.			
3.			
4.			
5.			

Aufgabe 3

Buche die Abschreibungen in den T-Konten. Schließe die aktiven Bestandskonten und das Konto Abschreibungen ab.

Konto	Anfangsbestand
Betriebsgebäude	620.000,00 €
Ladenausstattung	64.000,00 €
Lagerausstattung	112.000,00 €
Fuhrpark	82.400,00 €

Benötigt werden noch die Konten Abschreibungen, SBK sowie GuV.

Folgende Abschreibungsbeträge sind zu buchen:

Konto	
Betriebsgebäude	18.600,00 €
Ladenausstattung	12.800,00 €
Lagerausstattung	16.800,00 €
Fuhrpark	16.480,00 €

S	Betriebsgebäude	H	S	Ladenausstattung	H

S	Lagerausstattung	H	S	Fuhrpark	H

S	Abschreibung (AfA)	H

S	GuV	H

S	SBK	H

Lösung 2

		Soll	Haben
1.	Abschreibung	2.100,00 €	
	an Ladenausstattung		2.100,00 €
2.	Abschreibung	600,00 €	
	an Büromaschinen		600,00 €
3.	Abschreibung	6.000,00 €	
	an Fuhrpark		6.000,00 €
4.	Abschreibung	1.200,00 €	
	an Lagerausstattung		1.200,00 €
5.	GuV	9.900,00 €	
	an Abschreibungen		9.900,00 €

Lösung 3

S	Gebäude		H		S	Ladenausstattung		H
AB	620.000,00	AfA	18.600,00		AB	64.000,00	AfA	12.800,00
		SBK	601.400,00				SBK	51.200,00
	620.000,00		620.000,00			64.000,00		64.000,00

S	Lagerausstattung		H		S	Fuhrpark		H
AB	112.000,00	AfA	16.800,00		AB	82.400,00	AfA	16.480,00
		SBK	95.200,00				SBK	65.920,00
	112.000,00		112.000,00			82.400,00		82.400,00

S	Abschreibung (AfA)		H		S	GuV		H
Gebäude	18.600,00	GuV	64.680,00		AfA	64.680,00		
Ladena.	12.800,00							
Lagera.	16.800,00							
Fuhrp.	16.480,00							
	64.680,00		64.680,00					

S	SBK		H
Gebäude	601.400,00		

Ladenaus.	51.200,00	
Lageraus.	95.200,00	
Fuhrpark	65.920,00	

6.5 Berechnungsmethode für die Abschreibung

Wird mit jährlich gleich bleibenden Beträgen von den Anschaffungskosten abgeschrieben, spricht man von **linearer Abschreibung**. Somit werden die Anschaffungskosten gleichmäßig auf die Nutzungsdauer verteilt.

Abschreibungsprozentsatz und Abschreibungsbetrag werden folgendermaßen ermittelt.

$$\text{Abschreibungsprozentsatz} = \frac{100\,\%}{\text{Nutzungsdauer}} \qquad \text{Abschreibungsbetrag} = \frac{\text{Anschaffungskosten}}{\text{Nutzungsdauer}}$$

Beispiel:

Ein Lkw mit einem Anschaffungswert von 90.000,00 € soll abgeschrieben werden. Die voraussichtliche Nutzungsdauer beträgt 9 Jahre (vgl. AfA-Tabelle).

$$\text{Abschreibungsprozentsatz} = \frac{100\,\%}{9} = 11{,}11\,\%$$

$$\text{Abschreibungsbetrag} = \frac{90.000{,}00\,€}{9} = 10.000{,}00\,€$$

Abschreibungsplan vom 1. bis zum 9. Nutzungsjahr

Ermittle den Buchwert am Ende des jeweiligen Jahres.

	lineare Abschreibung (11,11 %)
Anschaffungswert - Abschreibung 1. Jahr	90.000,00 € 10.000,00 €
Buchwert am Ende 1. Jahr - Abschreibung 2. Jahr	80.000,00 € 10.000,00 €
Buchwert am Ende 2. Jahr - Abschreibung 3. Jahr	70.000,00 € 10.000,00 €
Buchwert am Ende 3. Jahr - Abschreibung 4. Jahr	60.000,00 € 10.000,00 €
Buchwert am Ende 4. Jahr - Abschreibung 5. Jahr	50.000,00 € 10.000,00 €
Buchwert am Ende 5. Jahr - Abschreibung 6. Jahr	40.000,00 € 10.000,00 €
Buchwert am Ende 6. Jahr - Abschreibung 7. Jahr	30.000,00 € 10.000,00 €
Buchwert am Ende 7. Jahr - Abschreibung 8. Jahr	20.000,00 € 10.000,00 €

Buchwert am Ende 8. Jahr	10.000,00 €	
- Abschreibung 9. Jahr	10.000,00 €	(9.999,00 €)
Buchwert am Ende des 9. Jahres	0,00 €	(1,00 €)

Wenn der LKW nach 9 Jahren abgeschrieben ist, aber weiterhin im Betrieb genutzt wird, wird er mit einem Euro Buchwert geführt.

Aufgabe 1

Der Kaufpreis einer neuen EDV-Anlage beträgt einschließlich 16 % USt. 3.925,36 €. Die Nutzungsdauer beträgt 3 Jahre.

Berechne den Buchwert zu Beginn des 2. Nutzungsjahres.

Aufgabe 2

Ein Ladenregal wird am Ende des 3. Nutzungsjahres linear mit 1.275,00 € abgeschrieben. Der Abschreibungssatz beträgt 12,5 %.

Wie lautet der Buchungssatz?

Konto	Soll	Haben

Welcher Kaufpreis wurde für das Ladenregal einschl. 16 % USt bezahlt?

Anlagegüter	Buchwert am 31. Dez.	Anschaffungskosten	Nutzungsdauer
Kühleinrichtungen	65.000,00 €	104.000,00 €	8 Jahre
Warenautomaten	30.400,00 €	76.000,00 €	5 Jahre

a) Wie viel Prozent beträgt der jeweilige Abschreibungssatz?

Anlagegut	Prozentsatz
Kühleinrichtungen	
Warenautomaten	

b) Über wie viele Jahre wurden die Anlagegüter bereits abgeschrieben?

c) Bilde die Buchungssätze für die Abschreibung des laufenden Jahres.

Konten	Soll	Haben
1.		
2.		

d) Buche auf den Konten und schließe sie ab.

S   0830 Lagerausstattung   H   S   6520 Abschreibung   H

```
S            0810 Ladenausstattung        H
_____|_____
_____|_____
_____|_____


S        8010 SBK        H    S        8020 GuV        H
_____|_____           _____|_____
_____|_____           _____|_____
```

Lösung 1

Kaufpreis	3.925,36 €
- 16 % USt.	541,43 €
Anschaffungskosten	3.383,93 €

jährliche Abschreibung $\dfrac{3.383,93}{3}$ =   1.127,98 €

Buchwert zu Beginn des 2. Nutzungsjahres =   2.255,95 €

Lösung 2

Konten		Soll	Haben
	6520 Abschreibung	1.275,00	
an	0800 Ladenausstattung		1.275,00

12,5 %	≙	1.275,00 €
100 %	≙	x €
x	=	10.200,00 €

Anschaffungskosten	10.200,00 €
+ 16 % USt.	1.632,00 €
	11.832,00 €

Lösung 3

1.

Anlagegut	Prozentsatz

Kühleinrichtungen	12,5%
Warenautomaten	20 %

2.

	Kühleinrichtungen €	Warenautomaten
Anschaffungskosten	104.000,00 €	76.000,00 €
– Buchwert	65.000,00 €	30.400,00 €
bisherige Abschreibung	39.000,00 €	45.600,00 €
Abschreibung/Jahr	13.000,00 €	15.200,00 €
bisherige Abschreibungsdauer	3 Jahre	3 Jahre

3.

Konten		Soll	Haben
1.	6520 Abschreibung	13.000,00	
	an 8030 Lagerausstattung		13.000,00
2.	6520 Abschreibung	15.200,00	
	an 8010 Ladenausstattung		15.200,00

S	0830 Lagerausstattung		H
AB	65.000,00	6520 AfA	13.000,00
		8010 SBK	52.000,00
	65.000,00		65.000,00

S	6520 Abschreibung a. SA		H
0830 Lagera.	13.000,00	8020 GuV	28.200,00
0810 Ladena.	15.200,00		
	28.200,00		28.200,00

S	0810 Ladenausstattung		H
AB	30.400,00	6520 AfA	15.200,00
		8010 SBK	15.200,00
	30.400,00		30.400,00

S	8010 SBK		H
0830 Lagera.	52.000,00		
0810 Lade-na.	15.200,00		

S	8020 GuV		H
6520 AfA	28.200,00		

6.6　Abschreibung geringwertiger Anlagegüter

Die Anschaffungskosten der Anlagegüter mit einer Nutzungsdauer von mehr als einem Jahr werden auf der Grundlage der vorgegebenen Nutzungsdauer abgeschrieben.

Ausnahmen bilden nach § 6 Abs. 2 EStG die geringwertigen Wirtschaftgüter (GWG):

Abnutzbare, bewegliche Wirtschaftsgüter des Anlagevermögens, die einer selbstständigen Nutzung fähig sind, können im Jahr der Anschaffung in voller Höhe als Betriebsausgaben abgesetzt werden, wenn die Anschaffungskosten den Nettowert von 410,00 € nicht übersteigen. Für diese geringwertigen Wirtschaftsgüter müssen Anschaffungstag und –kosten in einem besonderen Verzeichnis festgehalten werden.

Anlagegegenstände, die nicht teurer als 410,00 € netto sind, können in dem Jahr, in dem sie gekauft wurden, abgeschrieben werden.

Beispiele:

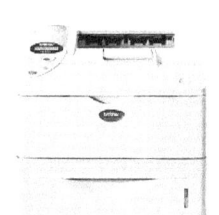

Drucker für 399 €　　Faxgerät für 180 €　　Drehstuhl 199 €　　Kasse für 250 €

6.6.1　Anschaffungskosten über 60 € bis 410 € für Anlagegüter

Alle diese Anlagegüter, egal ob Bürogeräte, Möbel, Lagereinrichtung, … und egal wie viele dieser Gegenstände man anschafft, werden auf das aktive Bestandskonto GWG gebucht.

Der Buchungssatz der Anschaffung lautet:

Konten		Soll	Haben
	GWG	…	
	Vorsteuer	…	
an	Bank/Kasse/VLL		…

Damit erreicht man eine klare Trennung der geringwertigen von den langfristig abzuschreibenden Anlagegütern. Am Ende des Geschäftsjahres werden die GWG komplett auf ein eigenes Abschreibungskonto abgeschrieben.

Der Buchungssatz der Abschreibung lautet:

Konten		Soll	Haben
	Abschreibung auf GWG	...	
an	GWG		...

Kauf einer Telefonanlage am 8. April für 360,00 € zuzüglich 16 % Umsatzsteuer gegen Lastschrifteinzug

a) Bilde den Buchungssatz:

Konto	Soll	Haben
0890 GWG	360,00 €	
2600 Vorsteuer	57,60 €	
an 2800 Bank		417,60 €

b) Buche in den Konten:

S			0890 GWG				H
Datum	Kto.Nr.	€		Datum	Kto.Nr.	€	
08.04.	2800 Bank	360,00		31.12.	6540 Abschr.GWG	360,00	

S	2600 Vorsteuer		H		S	2800 Bank			H
2800 Bank	57,60				AB	25.000,00	0890 GWG/ 2600 VSt.	417,60	

c) Buchung am Jahresende:

S	6540 Abschr. a. GWG		H
0890 GWG	360,00		

6.6.2 Anschaffungskosten bis 60,00 € für Anlagegüter

Anlagegüter mit einen Anschaffungswert bis 60 € werden sofort als Aufwand, im Allgemeinen auf dem Konto „Büromaterial", gebucht.

Barkauf eines Blocklochers für 57,00 € zuzüglich 16% Umsatzsteuer.

Bilde den Buchungssatz und buche in den Konten.

Buchungssatz:

Konto	Soll	Haben
6800 Büromaterial	57,00 €	
2600 Vorsteuer	9,12 €	

an 2880 Kasse		66,12 €

S	6800 Büromaterial	H
2880 Kasse	57,00	

S	2880 Kasse		H
AB	7.600,00	6800 Bürom.	66,12
		2600 VSt.	

S	2600 Vorsteuer	H
2880 Kasse	9,12	

6.7 Aufgaben zur Abschreibung

Aufgabe 1

Für unseren Firmenwagen kaufen wir am 3. Januar 20.. ein Autotelefon für 356,20 € zuzüglich 16 % Umsatzsteuer. Bei der Barzahlung erhalten wir 10 % Rabatt. Die betriebsbedingte Nutzungsdauer beträgt 5 Jahre.

a) Buche den Geschäftsfall am 3. Januar (Buchungssatz und Konto).

b) Buche die Abschreibung am Jahresende unter Ausnutzung der höchstmöglichen Abschreibung (Buchungssatz und Konto).

zu a)

Konten		Soll	Haben
	0890 GWG	320,58	
	2600 Vorsteuer	51,29	
an	2880 Kasse		371,87

S	0890 GWG	H
2880 Kasse	320,58	

S	2600 Vorsteuer	H
2880 Kasse	51,29	

S	2820 Kasse		H
AB	2.000,00	0890 GWG	371.87
		2600 VSt.	

zu b)

Konten		Soll	Haben
	6540 Abschreibung a. GWG	320,58	
an	0890 GWG		320,58

S	6540 Abschr. a. GWG	H
0890 GWG	320,5	

S	0890 GWG		H
2880 Kasse	320,5	6540	320,58

Aufgabe 2

Wie lautet der Buchungssatz beim Abschluss des Kontos "0890 Geringwertige Wirtschaftsgüter" (R = richtig, F = falsch)

F	0890 Geringwertige Wirtschaftsgüter	an	8010 SBK
R	6540 Abschreibung auf GWG	an	0890 Geringwertige Wirtschaftsgüter
F	0890 Geringwertige Wirtschaftsgüter	an	6540 Abschreibung auf GWG
F	6520 Abschreibung	an	0890 Geringwertige Wirtschaftsgüter
F	8020 GuV	an	0890 Geringwertige Wirtschaftsgüter

Aufgabe 3

Wir kaufen am 5. Februar einen PC für 2.200,00 € zuzüglich 16 % Umsatzsteuer sowie einen Bürostuhl für 345,00 € zuzüglich 16 % USt. auf Ziel.

Bilde den Buchungssatz.

Konten	Soll	Haben
0860 Büromaschinen	2.200,00	
0890 GWG	345,00	
2600 Vorsteuer	407,20	
an 4400 VLL		2.952,20

Aufgabe 4

Eine Verpackungsmaschine im Anschaffungswert von 49.985,00 € ist im dritten Jahr ihrer Abschreibung. Die Nutzungsdauer gemäß Afa-Tabelle beträgt 13 Jahre.
Bilde den Buchungssatz der Abschreibung.

Konten	Soll	Haben
Abschreibung	3.845,00	
Maschinen		3.845,00

Aufgabe 5

Kauf eines Mini-Kopierers mit EC-Karte zum Listenpreis von 500,00 €
abzüglich 25% Rabatt
+ 16% Umsatzsteuer

Bilde den Buchungssatz der Abschreibung.

Konten	Soll	Haben
GWG	375,00	
Vorsteuer	60,00	
an Bank		435,00

7   * Warenkalkulation

7.1   Einkaufskalkulation

7.1.1   Berechnung des Bezugspreises

Wenn du dir eine neue Jeans zulegen willst, solltest du dich über die Preise informieren. Im Katalog eines Versandhauses wird die gleiche Jeans angeboten wie in der Boutique „Um-die-Ecke". Was musst du beachten, wenn du den Katalogpreis mit dem Preis in der Boutique vergleichst?

Bei der Jeans aus dem Versandhaus muss ich die Versandkosten zum Preis aus dem

Katalog dazu rechnen und kann erst dann die Preise vergleichen.

Was für das Privatleben gilt, gilt auch für das Geschäftsleben. Als zukünftiger Geschäftsmann musst du dich mit dem Einkauf von Waren sehr gut auseinandersetzen. Zu diesem Thema gibt es folgenden Spruch: „Im Einkauf liegt der halbe Gewinn." Für den Kaufmann ergibt sich damit die Notwendigkeit, die Einkaufspreise zu vergleichen. Dazu ist es nötig verschiedene Berechnungen durchzuführen, um den günstigsten Lieferanten zu ermitteln.

Kalkulieren heißt Preise berechnen. Als Unternehmer musst du wissen, zu welchem Preis du die Ware bekommst bzw. beziehen kannst. Wir sprechen deshalb vom **Bezugspreis**. Zum Errechnen des Bezugspreises verwenden wir folgendes **Kalkulationsschema**:

Listeneinkaufspreis - Liefererrabatt	Preis, wie er auf dem Angebot steht
Zieleinkaufspreis - Liefererskonto	Hier habe ich z. B. noch 4 Wochen Zeit um zu bezahlen. erhalte ich, wenn ich sofort bezahle.
Bareinkaufspreis + Bezugskosten	Porto, Fracht, Transportversicherung usw.
Bezugspreis	Einstandspreis

Du bist Inhaber der Boutique "Jung & Chick" und willst für die kommende Saison Hüte in dein Warenangebot aufnehmen. Deine Lieferanten, die Hutfabriken "Nur nicht oben ohne" und „Alles für den Kopf" bieten normalerweise zu verschiedenen Preisen an. Damit du die Angebote miteinander vergleichen kannst, musst du die einzelnen Bezugspreise ausrechnen. Die so genannte Einkaufskalkulation beginnt mit dem **Listeneinkaufspreis**. Dieser Preis steht auf der Preisliste deines Lieferanten, daher der Name.

Wie im privaten Leben wird auch im Geschäftsleben Treue belohnt. Kaufst du über einen längeren Zeitraum hinweg deine Hüte immer beim gleichen Bekleidungsproduzenten, wird er dir einen **Treuerabatt** gewähren, um dich als Kunden zu behalten. Wenn du viele Hüte beziehst, wirst du einen **Mengenrabatt** erhalten. Rabatte sind also Preisnachlässe, die du aushandeln kannst.

Ein weiterer Preisnachlass ist das so genannte **Skonto**. Dieser Preisnachlass kommt dann zum Tragen, wenn man kurzfristig, z. B. innerhalb von 10 Tagen nach Rechnungs- erhalt, bezahlt.

Jetzt sind deine Hüte aber immer noch bei deinem Lieferanten. Deine Hüte müssen also in dein Geschäft transportiert werden. Und so wie jede Taxifahrt Geld kostet, verlangt auch die Spedition oder die Deutsche Bahn Geld, wenn sie Güter befördert. Diese Kos- ten werden als **Bezugskosten** bezeichnet. Dazu zählen z. B. Fracht, Verpackungen, Transportversicherungen oder Zoll, wenn die Ware vom Ausland kommt. Toll ist es, wenn die Waren **"frei Haus"** angeboten werden. Dann fallen keine Bezugskosten an.

Aufgabe 1

Du suchst nach Lieferanten für Hüte und hast zwei Angebote vorliegen. Die Hutfabrik „Nur nicht oben ohne" und die Hutfabrik „Alles für den Kopf" bieten dir ihre Waren an. Berechne die Bezugspreise von beiden Angeboten und vergleiche.

Nur nicht oben ohne
Hutfabrik seit 1830

Boutique
"Jung & Chick"
Burgstr. 8
86150 Augsburg   5. Mai 20..

Sehr geehrter Herr Huber,

wir bieten Ihnen wie folgt an:

5 Kinderschildmützen	à 5,50 €
3 Damenhüte	à 6,50 €
7 Herrenhüte	à 6,00 €

- 25 % Rabatt
Zahlungsziel 30 Tage
Frachtkosten: 10 % des Rechnungspreises

Alles für den Kopf
Boutique
"Jung & Chick"
Burgstr. 8
86150 Augsburg   7. Mai 20..

Sehr geehrter Herr Huber,

bzgl. Ihrer Nachfrage können wir Ihnen folgendes Angebot unterbreiten:

5 Kinderschildmützen	à 5,00 €
3 Damenhüte	à 7,50 €
7 Herrenhüte	à 3,50 €

Wir gewähren 30 % Rabatt und 3 % Skonto bei Zahlung innerhalb von 10 Tagen. Die Lieferung erfolgt frei Haus.

Mit freundlichen Grüßen

Lösung 1

Einkaufskalkulation für Angebot **Nur nicht oben ohne**

Listenpreis für Kinderschildmützen	5 x 5,50 =	27,50		
Listenpreis für Damenhüte	3 x 6,50 =	19,50		
Listenpreis für Herrenhüte	7 x 6,00 =	42,00		
		89,00	100 %	
- Lieferrabatt	25 %	22,25	25 %	
Zieleinkaufspreis		66,75	75 %	100 %

- Liefererskonto			
Bareinkaufspreis		66,75	
+ Bezugskosten	10 %	6,68	10 %
Bezugspreis		73,43	110 %

Einkaufskalkulation für Angebot **Alles für den Kopf**

Listenpreis für Kinderschildmützen	5 x 5,00 =	25,00		
Listenpreis für Damenhüte	3 x 7,50 =	22,50		
Listenpreis für Herrenhüte	7 x 3,50 =	24,50		
		72,00	100 %	
- Liefererrabatt	30 %	21,60	30 %	
Zieleinkaufspreis		50,40	70 %	100 %
- Liefererskonto	3 %	1,51		3%
Bareinkaufspreis		48,89		97 %
+ Bezugskosten				
Bezugspreis		48,89		

Der Bezugspreis des Angebotes der Firma „Alles für den Kopf" ist eindeutig günstiger.

Aufgabe 2

Der Schreinerei Holzwurm liegen drei Angebote vor. Berechne den Bezugspreis und ermittle das günstigste Angebot.

	Listenpreis	Rabatt in %	Skonto in %	Fracht
Sägewerk Rot	2.400,00 €	15	-	frei Haus
Sägewerk Grün	2.350,00 €	30	3	160,00 €
Sägewerk Gelb	2.500,00 €	20	3	200,00 €

Lösung 2

	Sägewerk Rot		Sägewerk Grün		Sägewerk Gelb	
Listeneinkaufspreis		2.400,00		2.350,00		2.500,00
- Liefererrabatt	15 %	360,00	30 %	705,00	20 %	500,00
Zieleinkaufspreis		2.040,00		1.645,00		2.000,00
- Liefererskonto	-	-	3 %	49,35	3 %	60,00
Bareinkaufspreis		2.040,00		1.595,65		1.940,00
+ Bezugskosten		-		160,00		200,00
Einstandspreis		2.040,00		1.755,65		2.140,00

Das Angebot vom Sägewerk Grün ist das günstigste Angebot.

7.1.2 Buchen von Eingangsrechnungen mit Rabatt

Wenn du dich für ein bestimmtes Angebot entschieden, Waren bestellt hast und diese dann geliefert werden, flattert dir auch sofort die Rechnung des Lieferanten ins Haus. Auf dieser Eingangsrechnung findest du die Preise des Angebotes wieder. Wie du gelernt hast, können beim Einkauf von Waren Rabatte gewährt werden. Diese Rabatte sind eine Minderung des Rechnungsbetrages. Erhältst du einen Rabatt, musst du weniger bezahlen. Rabatte werden deshalb nicht gesondert gebucht.

Aufgabe 1

Alles für den Kopf

Boutique
"Jung & Chick"
Burgstr. 8
86150 Augsburg   10. Juni 20..

Rechnung

Nr. 4563   Kundennr. 123

Für unsere gelieferten Waren erlauben wir uns zu berechnen:

5 Kinderschildmützen	à 5,00	25,00
3 Damenhüte	à 7,50	22,50
7 Herrenhüte	à 3,50	24,50
		72,00
- 30 % Rabatt		21,60
		50,40
+ 16 % Umsatzsteuer		8,06
Rechnungsbetrag in Euro		58,46

Zahlbar innerhalb von 5 Tagen ab Rechnungsdatum abzüglich 3 % Skonto oder innerhalb 30 Tagen netto.

Bilde den Buchungssatz zu dieser Eingangsrechnung.

Konto	Soll	Haben
Aufwendungen für Waren	50,40	
Vorsteuer	8,06	
an Verbindlichkeiten		58,46

Du erledigst die Buchhaltung für „Bürobedarf Huber".

Berechne die Rechnungsbeträge und bilde die Buchungssätze für folgende Geschäftsfälle:

1. Eingangsrechnung: Listeneinkaufspreis netto 12.000,00 €, Mengenrabatt 20 %

2. Zieleinkauf von Schulheften, 500 Stück zu je 1,20 €, Treuerabatt 6 %.

3. Eingangsrechnung für Kopiergeräte, netto 1.750 €, Rabatt 12 %.

4. Banklastschrift für Ladenmiete, 850,00 €

5. Zieleinkauf von 100 Druckerpatronen: netto 3.500,00 €, Rabatt 15 %

6. Dein Geschäft erhält eine Rechnung (Wareneinkauf) über 7.850,00 € + 16 % USt.

Lösung 2

1.	Listeneinkaufspreis		12.000,00
	- Mengenrabatt	20 %	2.400,00
			9.600,00
	+ Umsatzsteuer	16 %	1.536,00
	Rechnungsbetrag		11.136,00

	Soll	Haben
Aufw. für Waren	9.600,00	
Vorsteuer	1.536,00	
Verbindlichkeiten		11.136,00

2.	Listeneinkaufspreis		600,00
	- Treuerabatt	6 %	36,00
			564,00
	+ Umsatzsteuer	16 %	90,24
	Rechnungsbetrag		654,24

	Soll	Haben
Aufw. für Waren	564,00	
Vorsteuer	90,24	
Verbindlichkeiten		654,24

3.	Listeneinkaufspreis		1.750,00
	- Rabatt	12 %	210,00
			1.540,00
	+ Umsatzsteuer	16 %	246,40
	Rechnungsbetrag		1.786,40

	Soll	Haben
Aufw. für Waren	1.540,00	
Vorsteuer	246,40	
Verbindlichkeiten		1.786,40

4.	Hier ist keine Kalkulation erforderlich.		

	Soll	Haben
Aufw. für Miete	850,00	
Bank		850,00

5.	Listeneinkaufspreis		3.500,00
	- Mengenrabatt	15 %	525,00
			2.975,00
	+ Umsatzsteuer	16 %	476,00
	Rechnungsbetrag		3.451,00

	Soll	Haben
Aufw. für Waren	2.975,00	
Vorsteuer	476,00	
Verbindlichkeiten		3.451,00

6.	Listeneinkaufspreis		7.850,00
	- Mengenrabatt	-	-
			7.850,00
	+ Umsatzsteuer	16 %	1.256,00
	Rechnungsbetrag		9.106,00

	Soll	Haben
Aufw. für Waren	7.850,00	
Vorsteuer	1.256,00	
Verbindlichkeiten		9.106,00

7.2   Verkaufskalkulation

Auf deinem täglichen Schulweg kommst du an einem Leben? gewohnt kaufst du dir dort deine Brotzeit für die große Paus den Kassenzettel immer gleich weg, aber heute schaust du weil dein Freund für die gleiche Brotzeit in einem anderen (bezahlt hat.

Essig verkauft eine Grapefruit zum Preis von

66 Ct.

Wie kann das sein?

Supermärkte bekommen beim Einkauf günstigere Konditionen,

unterschiedlich hohe Ladenmieten,

unterschiedliche Gehälter, unterschiedlich hoher Gewinn

Für den Unternehmer sind neben den Bezugspreisen noch andere Überlegungen nötig, um zu seinen Verkaufspreisen zu gelangen.

Die Differenz zwischen Verkaufs- und Bezugspreis muss die Kosten des Betriebes decken und dafür sorgen, dass der Unternehmer davon leben kann.

Zum Errechnen des Verkaufspreises wird folgendes **Kalkulationsschema** verwendet:

Bezugspreis	Zu diesem Preis bekommt der Unternehmer die Ware.
+ Handlungskosten	z. B. Ladenmiete, Gehälter, Telefon, Strom
Selbstkostenpreis	Der Preis incl. aller Kosten, die durch das Geschäft entstehen.
+ Gewinn	2 bis 5 %
Nettoverkaufspreis	Erst ab hier verdient der Unternehmer.
+ Umsatzsteuer	belastet den Unternehmer nicht, wird an den Kunden weitergegeben
Bruttoverkaufspreis	Mit diesem Preis wird die Ware ausgezeichnet.

Aufgabe 1

Der Lebensmittelhändler Essig kauft am Großmarkt 100 Grapefruits für 30 € (Bezugspreis).

Er kalkuliert den Preis mit folgenden Werten:

        Handlungskosten: 95 %

        Gewinn: 5 %

        Umsatzsteuer: 7 %

Zu welchem Preis kann er eine Grapefruit verkaufen?

Bezugspreis		30,00
+ Handlungskosten	95 % vom Bezugspreis	28,50

Selbstkostenpreis		58,50
+ Gewinn	5 % vom Selbstkostenpreis	2,93
Nettoverkaufspreis		61,43
+ Umsatzsteuer	7 % vom Nettoverkaufspreis	4,30
Bruttoverkaufspreis		65,73

Aufgabe 2

Du bist Inhaber eines Modeladens und verkaufst Anzüge. Den Anzug „Casanova" erhältst du zum Bezugspreis von 200,00 €. Du kalkulierst mit:

Handlungskosten	150 %
Gewinn	5 %
Umsatzsteuer	16 %

Zu welchem Preis bietest du den Anzug an?

Bezugspreis		200,00
+ Handlungskosten	150 %	300,00
Selbstkosten		500,00
+ Gewinn	5 %	25,00
Nettoverkaufspreis		525,00
+ Umsatzsteuer	16 %	84,00
Bruttoverkaufspreis		609,00

Aufgabe 3

Du bist Leiterin für ein Küchenstudio und sollst ein Angebot für eine Einbauküche abgeben. Du kalkulierst mit folgenden Bedingungen:

Bezugspreis: 11.000,00 €, 75 % Handlungskosten, 8 % Gewinn

Bezugspreis		11.000,00
+ Handlungskosten	75 %	8.250,00
Selbstkosten		19.250,00
+ Gewinn	8 %	1.540,00
Nettoverkaufspreis		20.790,00
+ Umsatzsteuer	16 %	3.326,40
Bruttoverkaufspreis		24.116,40

Aufgabe 4

Eine Jeans-Boutique kauft Jeans zum Bezugspreis von 35,00 € pro Stück. Der Bruttoverkaufspreis beträgt 94,09 €, der Nettoverkaufspreis 81,11 € und der Selbstkostenpreis 78,75 €.

Mit wie viel Prozent Handlungskosten und Gewinn kalkuliert die Boutique?

Handlungskosten in Prozent = $\dfrac{(78{,}75 - 35{,}00) \cdot 100}{35{,}00} = 125\ \%$

Gewinn in Prozent = $\dfrac{(81{,}11 - 78{,}75) \cdot 100}{78{,}75} = 3\ \%$

8   Abschlussaufgaben

Aufgabe 1 (Buchen eines vollständigen Geschäftsganges)

Kontenplan

0510	Bebaute Grundstücke	4250	Langfr. Bankverbindlichkeiten
0530	Betriebsgebäude	4400	Verbindlichkeiten a. LL
0810	Ladenausstattung	4800	Umsatzsteuer
0840	Fuhrpark	5000	Umsatzerlöse für Waren
0890	GWG	5420	Entnahme. v. Ggst. u. sonst. L.
2000	Waren	6000	Aufwendungen für Waren
2400	Forderungen a. LL	6520	Abschreibung
2600	Vorsteuer	6540	Abschreibung a. GWG
2800	Bank	6820	Postgebühren
2880	Kasse	7510	Zinsaufwendungen
3000	Eigenkapital	8010	SBK
3001	Privatkonto	8020	GuV

Anfangsbestände

Bebaute Grundstücke	230.000,00	Bank	21.000,00
Betriebsgebäude	95.000,00	Kasse	11.100,00
Ladenausstattung	36.500,00	Eigenkapital	?
Fuhrpark	23.000,00	Langfr. Bankverbindl.	56.000,00
Waren	38.000,00	Verbindlichkeiten a. LL	29.400,00
Forderungen a. LL	22.400,00	Umsatzsteuer	5.300.00

Geschäftsfälle

1. Warenverkauf auf Ziel netto 6.580,00 € zzgl. 16 % USt.
2. Wareneinkauf gegen Bankkartenzahlung. Warenwert netto 3.100,00 € zzgl. 16 % USt.
3. Kauf von Briefmarken bar 38,00 €
4. Ausgleich einer Liefererrechnung durch Banküberweisung 668,00 €
5. Telefonkosten werden vom Bankkonto abgebucht (Aufwandskonto Postgebühren): 420,00 € + 16 % USt.
6. Kauf eines Büroaktenschrankes gegen Rechnung: 340,00 € + 16 % USt.
7. Kunde überweist 7.632,80 € auf unser Bankkonto
8. Einkauf von 20 Taschenrechner für Mitarbeiter zum Nettopreis von 200,00 € + 16 % USt. auf Ziel.
9. Barentnahme für den privaten Haushalt 320,00 €
10. Barkauf einer Schreibtischlampe 150 € + 16 % USt.

11. Kauf eines Lieferwagens; Netto 31.800,00 € + 16 % USt. Bankscheck 16.000,00 €; der Rest 2 Monate auf Ziel

12. Kauf eines Ladenregals gegen Barzahlung: 310,00 € + 16 % USt.

13. Warenverkauf auf Ziel: Nettowert 39.500,00 € + 16 % USt.

14. Zinsbelastung auf dem Bankkonto: 1.380,00 €

15. Private Warenentnahme 420,00 € zuzüglich 16 % USt.

Abschlussangaben

Abschreibung auf Betriebsgebäude	2.850,00	GWG werden voll abgeschrieben	
Abschreibung auf Ladenausstattung	3.650,00	Warenendbestand lt. Inventur	24.850,00
Abschreibung auf Fuhrpark	9.129,68		

Buchungssätze

1.	2400 FLL	7.632,80	
	an 5000 Umsatzerlöse für Waren		6.580,00
	an 4800 Umsatzsteuer		1.052,80
2.	6000 Aufwendungen für Waren	3.100,00	
	2600 Vorsteuer	496,00	
	an 2800 Bank		3.596,00
3.	6820 Postgebühren	38,00	
	an 2880 Kasse		38,00
4.	4400 Verbindlichkeiten a. LL	668,00	
	an 2800 Bank		668,00
5.	6820 Postgebühren	420,00	
	2600 Vorsteuer	67,20	
	an 2800 Bank		487,20
6.	0890 GWG	340,00	
	2600 Vorsteuer	54,40	
	an 4400 Verbindlichkeiten a. LL		394,40
7.	2800 Bank	7.632,80	
	an 2400 Forderungen a. LL		7.632,80
8.	6800 Büromaterial	200,00	
	2600 Vorsteuer	32,00	
	an 4400 Verbindlichkeiten a. LL		232,00
9.	3001 Privatkonto	320,00	
	an 2880 Kasse		320,00
10.	0890 GWG	150,00	
	2600 VSt	24,00	
	an 2880 Kasse		174,00
11.	0840 Fuhrpark	31.800,00	
	2600 Vorsteuer	5.088,00	
	an 2800 Bank		16.000,00
	an 4400 Verbindlichkeiten a. LL		20.888,00
12.	0890 GWG	310,00	
	2600 Vorsteuer	49,60	
	an 2880 Kasse		359,60
13.	2400 Forderungen a. LL	45.820,00	
	an 5000 Umsatzerlöse für Waren		39.500,00

	an 4800 Umsatzsteuer		6.320,00
14.	7510 Zinsaufwendungen	1.380,00	
	an 2800 Bank		1.380,00
15.	3001 Privatkonto	487,20	
	an 5420 Entnahme von Gegenständen		420,00
	an 4800 Umsatzsteuer		67,20

S   Eröffnungsbilanzkonto   **H**

S   0510 Beb. Grundst.   **H**   **S**   3000 Eigenkapital   **H**

S   0530 Betriebsgebäude   **H**   **S**   3001 Privatkonto   **H**

S   0810 Ladenausstattung   **H**   **S**   4250 Langfr. Bankverbindlichk.   **H**

S   0840 Fuhrpark   **H**   **S**   4400 Verbindlichkeiten a. LL   **H**

S	0890 GWG	H

S	4800 Umsatzsteuer	H

S	2000 Waren	H

S	5000 Umsatzerlöse f. Waren	H

S	2400 Forderungen a. LL	H

S	5420 EGL	H

S	2600 Vorsteuer	H

S	6000 Aufwendungen f. Waren	H

S	2800 Bank	H

S	6520 Abschr.	H

S	2880 Kasse	H

S	6540 Abschr. a. GWG	H

S	6800 Büromaterial	H

S	6820 Postgebühren	H

S	8020 GuV	H

S	7510 Zinsaufwendungen	H

S	8010 Schlussbilanzkonto		H

Aufgabe 1 (Lösung der Buchung in Konten)

S	Eröffnungsbilanzkonto			H
3000 Eigenkapital	386.300,00	0510 Beb. Grundstücke		230.000,00
4250 langfr. Bankverb.	56.000,00	0530 Betriebsgebäude		95.000,00
4400 VLL	29.400,00	0810 Ladenausstattung		36.500,00
4.800 Umsatzsteuer	5.300,00	0840 Fuhrpark		23.000,00
		2000 Waren		38.000,00
		2400 FLL		22.400,00
		2800 Bank		21.000,00
		2880 Kasse		11.100,00
	477.000,00			477.000,00

S	0510 Beb. Grundst.		H
AB	230.000,00	8010	230.000,00

S	3000 Eigenkapital		H
3001	807,20	AB	386.300,00
8010	397.275,12	8020	11.782,32
	398.082,32		398.082,32

S	0530 Betriebsgebäude		H
AB	95.000,00	6520	2.850,00
		8010	92.150,00
	95.000,00		95.000,00

S	3001 Privatkonto		H
2880	320,00	3000	807,20
5420/4800	487,20		
	807,20		807,20

S	0810 Ladenausstattung		H
AB	36.500,00	6520	3.650,00
		8010	32.850,00
	36.500,00		36.500,00

S	4250 Langfr. Bankverbindlichk.		H
8010	56.000,00	AB	56.000,00

S	0840 Fuhrpark		H
AB	23.000,00	6520	9.129,68
2800/4400	31.800,00	8010	45.670,32
	54.800,00		54.800,00

S	4400 Verbindlichkeiten a. LL		H
2800	668,00	AB	29.400,00
8010	50.246,40	0890/2600	394,40
		0890/2600	232,00
		0840/2600	20.888,00
	50.914,40		50.914,40

S		0890 GWG		H
4400	340,00	6540		800,00
Kasse	150,00			
2880	310,00			
	800,00			800,00

S		4800 Umsatzsteuer		H
2600	5.811,20	AB		5.300,00
8010	6.928,80	2400		1.052,80
		2400		6.320,00
		3001		67,20
	12.740,00			12.740,00

S	2000 Waren		H
AB	38.000,00	8010	24.850,00
		6000	13.150,00
	38.000,00		38.000,00

S	5000 Umsatzerlöse f. Waren		H
8020	46.080,00	2400	6.580,00
		2400	39.500,00
	46.080,00		46.080,00

S	2400 Forderungen a. LL		H
AB	22.400,00	2800	7.632,80
5000/4800	7.632,80	8010	68.220,00
5000/4800	45.820,00		
	75.852,80		75.852,80

S	5420 EGL		H
8020	420,00	3001	420,00

S	2600 Vorsteuer		H
2800	496,00	4800	5.811,20
2800	67,20		
4400	54,40		
4400	32,00		
2880	24,00		
2800/4400	5.088,00		
2880	49,60		
	5.811,20		5.811,20

S	6000 Aufwendungen f. Waren		H
2800	3.100,00	8020	16.250,00
2000	13.150,00		
	16.250,00		16.250,00

S	2800 Bank		H
AB	21.000,00	6000/2600	3.596,00
2400	7.632,80	4400	668,00
		6820/2600	487,20
		0840/2600	16.000,00
		7510	1.380,00
		8010	6.501,60
	28.632,80		28.632,80

S	6520 Abschr.		H
0530	2.850,00	8020	15.629,68
0810	3.650,00		
0840	9.129,68		
	15.629,68		15.629,68

S	2880 Kasse		H
Ab	11.100,00	6820	38,00
		3001	320,00

S	6540 Abschr. a. GWG		H
0890	800,00	8020	800,00

		0890/2600	174,00
		0890/2600	359,60
		8010	10.208,40
	11.100,00		11.100,00

S	6800 Büromaterial			H
4400	200,00	GuV		200,00

S	6820 Postgebühren			H
2880	38,00	8020		458,00
2800	420,00			
	458,00			458,00

S	8020 GuV			H
6000	16.250,00	5000		46.080,00
6520	15.629,68	5420		420,00
6540	800,00			
6820	458,00			
6800	200,00			
7510	1.380,00			
3000	11.782,32			
	46.500,00			46.500,00

S	7510 Zinsaufwendungen			H
2800	1.380,00	8020		1.380,00

S	8010 Schlussbilanzkonto		H
0510 Beb. Grundstücke	230.000,00	3000 Eigenkapital	397.275,12
0530 Betriebsgebäude	92.150,00	4250 Langfr. Bankverb.	56.000,00
0810 Ladenausstattung	32.850,00	4400 VLL	50.246,40
0840 Fuhrpark	45.670,32	4800 Umsatzsteuer	6.928,80
2000 Waren	24.850,00		
2400 FLL	68.220,00		
2800 Bank	6.501,60		
2880 Kasse	10.208,40		
	510.450,32		510.450,32

Unternehmensbeschreibung

Du bist Mitarbeiter/-in des Einzelhandelsgeschäftes Jeans & more. Alle Aufgaben beziehen sich auf das im Folgenden beschriebene Geschäft:

Name	Jeans & more Karl Bittner e. K. Marktoberdorfer Str. 27 86956 Schongau
Geschäftsjahr	1. Januar – 31. Dezember
Bankverbindung	Kreissparkasse Schongau Konto-Nr. 2355 BLZ 734 514 50
Waren	Jeans, Pullover, Shirts, beach & bodywear
Mitarbeiter	2 Angestellte 1 Auszubildender

Arbeitsauftrag

Buche die 18 Belege im Kontierungsbogen.

BÜRO-SCHULTZ

86956 Schongau – Christophstraße 37 – Tel. 08861 25610

Jeans & more
Marktoberdorfer Straße 27
10166 Berlin

Beleg 1

Rechnungs-Nr. 3435

Datum: 02.01.20..

Lieferung: frei Haus

Menge	Einzelpreis €	Gegenstand	Gesamtpreis €
25	0,89	dots Ordner	22,25
5	3,49	Gewebeband	17,45
2	12,89	Tischhefter	25,78
2	38,98	Blockhefter	77,96
		Zwischensumme	143,44
		+ 16 % Umsatzsteuer	22,95
			166,39

Betrag bar erhalten

S. Schultz

Bankverbindung:
Hypovereinsbank Schongau
Konto 895362
BLZ 734 214 78

Kreissparkasse	Tagesauszug	Nr. 01 vom 02.01.	Blatt 1
Schongau	BIC:	IBAN:	

Buchungstag	Wert	Vorgang		Zu Ihren Lasten (-)	Zu Ihren Gunsten (+)
			Alter Kontostand EUR		**45.150,00**
		Kfz-Steuer			
		StNr. 450-9837			
0201	0201	WM-KN 4007	Finanzamt Weilheim	738,00	
			Neuer Kontostand EUR		**44.412,00**

Jeans & more Karl Bittner e. K.		Bankleitzahl	Konto-Nr.
		73451450	2355

Kreissparkasse	Tagesauszug	Nr. 02 vom 08.01.	Blatt 1
Schongau	BIC:	IBAN:	

Buchungstag	Wert	Vorgang	Zu Ihren Lasten (-)	Zu Ihren Gunsten (+)
		Alter Kontostand EUR		**44.412,00**
0701	0701	Zinsgutschrift		
		Sparkonto 2355 111		375,00
		Neuer Kontostand EUR		**44.787,00**

Jeans & more Karl Bittner e. K.		Bankleitzahl	Konto-Nr.
		73451450	2355

Jeans & more
Karl Bittner e. K.
Marktoberdorfer Str. 27
86956 Schongau
Tel. 08861 309317

Quittung

1 Jeans „New York"	á	98,00 €
1 Jeans „Orlando"	á	98,00 €
1 Jeans OFFWHITE	á	98,00 €
1 Hemd stone	á	45,00 €
1 Hemd darkblue	á	45,00 €

Total: 5   384,00 €

MWSt	Netto	Brutto
16 %	331,03 €	384,00 €

Steuernummer   614/24904
04.01.20..   10:38:07
USt-Identnr. DE130499587

Vielen Dank für Ihren Einkauf!!!

Jeans & more
Karl Bittner e. K.
Marktoberdorfer Str. 27
86956 Schongau
Tel. 08861 309317

Quittung

1 Jeans „Western"	á	98,00 €
1 Jeans „Soho"	á	79,00 €
1 T-Shirt Basics	á	19,00 €
1 Top darkblue	á	25,00 €

Total: 4   221,00 €

MWSt	Netto	Brutto
16 %	190,52 €	221,00 €

Steuernummer   614/24904
06.01.20..   14:00:41
USt-Identnr. DE130499587

Vielen Dank für Ihren Einkauf!!!

Jeans & more
Karl Bittner e. K.
Marktoberdorfer Str. 27
86956 Schongau
Tel. 08861 309317

Quittung

1 Jeans „BASIC MAN"	á		118,00 €
1 Pullover Basics	á		35,00 €
4 Slips „Boxer"	á		12,00 €

Total:	6		201,00 €

MWSt	Netto	Brutto
16 %	173,27 €	201,00 €

Steuernummer		614/24904
06.01.20..	17:31:57	

USt-Identnr. DE130499587

Vielen Dank für Ihren Einkauf!!!

Jeans & more
Karl Bittner e. K.
Marktoberdorfer Str. 27
86956 Schongau
Tel. 08861 309317

Quittung

1 Jeans „GIRLY"	á		118,00 €
1 Jeans „SIXTY"	á		78,00 €
1 Strickjacke	á		49,00 €
5 Bikinislip stone	á		9,50 €

Total:	8		292,50 €

MWSt	Netto	Brutto
16 %	252,15 €	292,50 €

Steuernummer		614/24904
07.01.20..	12:08:00	

USt-Identnr. DE130499587

Vielen Dank für Ihren Einkauf!!!

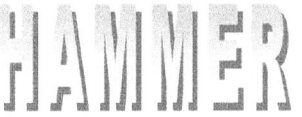 Weberei Hammer KG

Hammer KG – Schützenstraße 41 - 45 – 95213 Münchberg

Jeans & more
Karl Bittner e. K.
Marktoberdorfer Str. 27
86956 Schongau

Kunden-Nr.	Beleg-Nr.
24 005	4387
Bitte stets angeben!	

Ihr Zeichen, Ihre Bestellung vom	unser Zeichen	Telefon, Name	Datum
			he/kl
			0511 658-
233			10. Janu-
ar			

Frau Ertl

Rechnung

1	45	Stretch-Jeans "Cookie"	15,98 €	719,10 €
2	40	Jeans "Sarah"	24,90 €	996,00 €
		+ 16 % Umsatzsteuer		274,42 €
		Rechnungsbetrag		1.989,52 €

Zahlungsbedingungen: Zahlungsziel 30 Tage

Geschäftsräume
Schützenstraße 41 - 45
Telefon 0911 658-0
Müller
Telefax 0911 658229

Bankverbindungen
Commerzbank Münchberg, Konto 233433, BLZ 520 400 21
Stadtsparkasse Konto 09782143, BLZ 500 308 20

HRB 23R44
Geschäftsführer
Dipl.-Ing.   Christian

Knöpfe-Mayer e. K.

Knöpfe-Mayer e. K. – Ostertor 12 – 92637 Weiden

Jeans & more
Marktoberdorfer Str. 27
86956 Schongau

Ihr Zeichen, Ihre Bestellung vom	unser Zeichen	Telefon, Name	Datum
	au/sz	0961 1256-105	13. Januar
		Frau Pichl	

Rechnung

Rechnungsnummer 1239-AA/147

Pos.	Menge	Gegenstand	Preis je Stück	Betrag
1	55	Shirtjacke	8,99 €	494,45 €
2	30	Pullover V-Ausschnitt	11,98 €	359,40 €
3	15	Strickjacke	15,48 €	232,20 €
4	90	Poloshirt	4,50 €	405,00 €
		Rechnungsbetrag netto		1.491,05 €
		+ 16 % Umsatzsteuer		238,57 €
		Rechnungsbetrag		1.729,62 €

Zahlbar binnen 14 Tagen ohne Abzug

Geschäftsräume
Ostertor 12
Telefon 0961 1256-0
Telefax 0961 36985

Bankverbindungen
Commerzbank Weiden, Konto 322433, BLZ 620 500 07

HRB 78R21
Geschäftsführer
Leon M. Weiß

DROGERIE
HÜTTNER E. K.

Beleg 7

Hüttner e. K. – Sterngasse 13 – 93152 Regensburg

Jeans & more
Karl Bittner
Marktoberdorfer Str. 27
86956 Schongau

Ihr Zeichen, Ihre Bestellung vom	unser Zeichen	Telefon, Name	Datum
	ww	0941 20-105	12. Januar
		Frau Gerstl	

Rechnung

Pos.	Menge	Artikel	Preis je Stück	Betrag
1	5	Reinigungsmittel	10,00 €	50,00 €
2	10	Microfaser-Wischlappen	3,00 €	30,00 €
		Zwischensumme		80,00 €
		+ 16 % Umsatzsteuer		12,80 €
		Rechnungsbetrag		**92,80 €**

Zahlbar binnen 14 Tagen ohne Abzug

Geschäftsräume
Sterngasse 13
Telefon 0941 1256-0
Telefax 0941 36985

Bankverbindungen
Postbank Regensburg, Konto 7896325, BLZ 800 400 21

HRB 98R81
Geschäftsführer
Samuel G. Rulf

BÜRO-SCHULTZ

86956 Schongau – Christophstraße 37 – Tel. 08861 25610

Beleg 8

Jeans & more
Marktoberdorfer Straße 27
86956 Schongau

Rechnungs-Nr. 3441

Datum: 17.01.20..

Lieferung: frei Haus

Menge	Einzelpreis €	Gegenstand	Gesamtpreis €
1	127,99	Tintenstrahldrucker Canon PIXMA iP 4000	127,99
10	8,49	Tintenpatronen BCI-6x	84,90
10	9,99	Tintenpatronen BCI-3e B	99,90
		Zwischensumme	312,79
		+ 16 % Umsatzsteuer	50,05
			362,84

zahlbar sofort netto

Bankverbindung:
Hypovereinsbank Schongau
Konto 895362
BLZ 734 214 78

Kreissparkasse	Tagesauszug	Nr. 03 vom 15.01.	Blatt 1
Schongau	BIC:	IBAN:	

Buchungstag	Wert	Vorgang		Zu Ihren Lasten (-)	Zu Ihren Gunsten (+)
			Alter Kontostand EUR		**44.412,00**
1401	1401	Rechnung vom 10.01. Kd.-Nr. 24005 Beleg 4387	Weberei Hammer KG	1.989,52	
1501	1501	Miete Ladengeschäft Januar	Dr. Fellner KG	2.500,00	
			Neuer Kontostand EUR		**39.922,48**

Jeans & more Karl Bittner e. K.		Bankleitzahl 73451450	Konto-Nr. 2355

Kreissparkasse	Tagesauszug	Nr. 04 vom 17.01.	Blatt 1
Schongau	BIC:	IBAN:	

Buchungstag	Wert	Vorgang	Zu Ihren Lasten (-)	Zu Ihren Gunsten (+)
			Alter Kontostand EUR	**39.922,48**
1701	1701	Bareinzahlung		1.500,00
			Neuer Kontostand EUR	**41.422,48**

Jeans & more Karl Bittner e. K.		Bankleitzahl 73451450	Konto-Nr. 2355

Schicker-Import GmbH
Tel. 089 129865
FAX 089 129866

Schicker-Importe GmbH, Postfach 200265, 80002 München

Jeans & more Bittner e. K.
Marktoberdorfer Str. 27
86956 Schongau

Rechnung

Rechnungs-nummer	Rechnungs-datum	Kunden-nummer
7.558.898	22. Januar	EH007

Bitte bei Schriftverkehr und Zahlung angeben.

Ihre Zeichen, Ihre Nachricht vom	Unsere Zeichen, Unsere Nachricht vom	Liefertag	München,
	su	20.01.20..	22.01.20..

Art.-Nr.	Anzahl	Bezeichnung	Größe	Farbe	Einzelpreis	gesamt
123	80	Bikinislips	34,36,38,40,42	weiß, schwarz	3,98 €	318,40 €
124	120	Jazzpants	32/34, 36/38, 40/42	rot + weiß + schwarz	6,98 €	837,60 €
101	30	Hüftpantys	34/36, 38/40, 42/44	schwarz, rot, oliv	7,48 €	224,40 €
501	20	Hipsterslip in V-Optik	34,36,38,40,42	weiß, schwarz, rosa	8,99 €	179,80 €
		Zwischensumme:				1.560,20 €
					+ 16 % USt	249,63 €
					Summe:	1.809,83 €

Zahlungsbedingungen	Ziel 14 Tage nach dem Rechnungstag mit 2 % Skonto oder 30 Tage nach dem Rechnungstag ohne jeden Abzug.
Reklamation	Beanstandungen können nur innerhalb 8 Tagen nach Empfang der Waren berücksichtigt werden.

Die Verpackung ist frachtfrei an das Werk zurückzusenden.

Die Waren bleiben bis zur vollständigen Bezahlung unser Eigentum.

Erfüllungsort   Erfüllungsort für beide Teile ist München.

Bankverbindungen

Spardabank München, Konto 779966321, BLZ 796 03 00

HRB 100R99

Geschäftsführer

Martin Kraus-Wolf

Beleg 12

Jeans & more
Karl Bittner e. K.
Marktoberdorfer Str. 27
86956 Schongau
Tel. 08861 309317

Quittung

2 Jeans „New York"	á	88,00 €
1 Jeans „Orlando"	á	98,00 €

Total:	3		274,00 €

MWSt	Netto	Brutto
16 %	236,21 €	274,00 €

Steuernummer		614/24904
14.01.20..	10:38:07	

USt-Identnr. DE130499587

Vielen Dank für Ihren Einkauf!!!

Jeans & more
Karl Bittner e. K.
Marktoberdorfer Str. 27
86956 Schongau
Tel. 08861 309317

Quittung

1 Jeans „Soho"	á	79,00 €
1 Jeans „Western"	á	98,00 €
1 T-Shirt Basics	á	19,00 €

Total:	3		196,00 €

MWSt	Netto	Brutto
16 %	168,97 €	196,00 €

Steuernummer		614/24904
14.01.20..	14:00:41	

USt-Identnr. DE130499587

Vielen Dank für Ihren Einkauf!!!

Jeans & more
Karl Bittner e. K.
Marktoberdorfer Str. 27
86956 Schongau
Tel. 08861 309317

Quittung

1 Jeans „BASIC MAN"	á	118,00 €
1 Pullover Basics	á	35,00 €
4 Slips „Boxer"	á	12,00 €

Total: 6   201,00 €

MWSt	Netto	Brutto
16 %	173,27 €	201,00 €

Steuernummer   614/24904
18.01.20..   17:31:57

USt-Identnr. DE130499587

Vielen Dank für Ihren Einkauf!!!

Jeans & more
Karl Bittner e. K.
Marktoberdorfer Str. 27
86956 Schongau
Tel. 08861 309317

Quittung

1 Jeans „GO"	á	158,00 €
2 Jeans „Xtra"	á	98,00 €
1 Jacke	á	149,00 €
5 Jazzpants red	á	15,50 €

Total: 8   580,50 €

MWSt	Netto	Brutto
16 %	500,43 €	580,50 €

Steuernummer   614/24904
18.01.20..   12:08:00

USt-Identnr. DE130499587

Vielen Dank für Ihren Einkauf!!!

BÜRO-SCHULTZ

86956 Schongau – Christophstraße 37 – Tel. 08861 25610

Jeans & more
Marktoberdorfer Straße 27
86956 Schongau

Beleg 13

Rechnungs-Nr. 3507

Datum: 25.01.20..

Lieferung: frei Haus

Menge	Einzelpreis €	Gegenstand	Gesamtpreis €
1	1198,00	Ladentheke "bleu"	1198,00
2	350,00	Kleiderständer	700,00
1	3598,00	Regalwand	3598,00
		Zwischensumme	5496,00
		+ 16 % Umsatzsteuer	879,36
			6375,36

zahlbar sofort netto

Bankverbindung:
Hypovereinsbank Schongau
Konto 895362
BLZ 734 214 78

Kreissparkasse	Tagesauszug	Nr. 05 vom 22.01.	Blatt 1
Schongau	BIC:	IBAN:	

Buchungstag	Wert	Vorgang		Zu Ihren Lasten (-)	Zu Ihren Gunsten (+)
			Alter Kontostand EUR		41.422,48
1901	1901	Bareinzahlung			1.600,00
			Neuer Kontostand EUR		43.022,48

Jeans & more Karl Bittner e. K.	Bankleitzahl 73451450	Konto-Nr. 2355

Kreissparkasse	Tagesauszug	Nr. 06 vom 29.01.	Blatt 1
Schongau	BIC:	IBAN:	

Buchungstag	Wert	Vorgang		Zu Ihren Lasten (-)	Zu Ihren Gunsten (+)
			Alter Kontostand EUR		43.022,48
2801	2801	Rechnung 1239-AA/147 vom 13.01.	Knöpfe-Mayer e. K.	1.729,62	
2801	2801	Rechnung vom 12.01.	Drogerie Huttner Regensburg	92,80	
			Neuer Kontostand EUR		41.200,06

Jeans & more Karl Bittner e. K.	Bankleitzahl 73451450	Konto-Nr. 2355

Kassenausgang

Beleg 16

Seite	1	Beleg	12
KSt.	512		

Aus der Geschäftskasse	---------- 250,00 ----------
in Worten Euro	*zweihundertfünfzig*

für	*Barauszahlung Karl Bittner*
	(Zweck ausführlich angeben)

erhalten zu haben bescheinigt

| Schongau, | *25. Januar* | 20 | .. |

K. Bittner

Beleg 17

Jeans&more, Karl Bittner e. K., Marktoberdorfer Str. 27, 86956 Schongau

TSV
Weilheim
Industriestraße 12
82362 Weilheim

| Ihre Zeichen, Ihre Nachricht vom | Unsere Zeichen, unsere Nachricht vom aa | Telefon, Name 08861 309317- 13, Amberger | Datum 26.01.20.. |

RECHNUNG

Menge	Artikelbezeichnung	Art.-Nr.	Einzelpreis in €	Gesamtpreis

25	Poloshirt, m. Aufdruck	# 12 112	zu je	25,00	€	625,00 €
	MwSt.	16 %				86,21
Gesamtpreis						**625,00 €**

Zahlung innerhalb 10 Tagen

 Eichhorst & Krach GmbH

Beleg 18

Jeans & more
Karl Bittner e. K.
Marktoberdorfer Str. 27
86956 Schongau

Kunden-Nr.	Beleg-Nr.
7005	4387
Bitte stets angeben!	

Ihr Zeichen, Ihre Bestellung vom	unser Zeichen he/kl	Telefon, Name 089 658-233 Frau Ertl	Datum 28. Januar 20..

Rechnung

Gegenstand	Betrag
1 Pkw Piano Transporter	14.500,00 €
Überführung und Zulassung	98,00 €
Zwischensumme	14.598,00 €
+ 16 % Umsatzsteuer	2.335,68 €
Rechnungsbetrag	16.933,68 €

Geschäftsräume
Geretsrieder Str. 5
Telefon 089 658-0
Schmid
Telefax 089 658229

Bankverbindungen
Fugger Bank München BLZ 700 300 14 Kto.-Nr. 94763
Stadtsparkasse München BLZ 701 500 00 Kto.-Nr. 332451

HRB 23R44
Geschäftsführer
Dipl.-Kfm.   Frank

Lösung (Belegbuchungen)

Buchungssätze

Belegnr.	Konto	Betrag Soll	Betrag Haben
1	Büromaterial	143,44	
	u. Vorsteuer	22,95	
	an Kasse		166,39
2	Steuern	738,00	
	an Bank		738,00
3	Bank	375,00	
	an Zinsertrag		375,00
4	Kasse	1.098,50	
	an Umsatzerlöse		946,97
	u. Umsatzsteuer		151,53
5	Aufw. für Waren	1.715,10	
	u. Vorsteuer	274,42	
	an Verbindlichkeiten		1.989,52
6	Aufw. für Waren	1.491,05	
	u. Vorsteuer	238,57	
	an Verbindlichkeiten		1.729,62
7	Aufw. für Reinigung	80,00	
	Vorsteuer	12,80	
	an Verbindlichkeiten		92,80
8	GWG	127,99	
	u. Büromaterial	184,80	
	u. Vorsteuer	50,05	
	an Verbindlichkeiten		362,84
9	Verbindlichkeiten	1.989,52	
	an Bank		1.989,52
	Mietaufwand	2.500,00	

Belegnr.	Konto	Betrag Soll	Betrag Haben
	an Bank		2.500,00
10	Bank	1.500,00	
	an Kasse		1.500,00

Belegnr.	Konto	Betrag Soll	Betrag Haben
11	Aufw. für Waren	1.560,20	
	u. Vorsteuer	249,63	
	an Verbindlichkeiten		1.809,83
12	Kasse	1.251,50	
	an Umsatzerlöse		1.078,88
	u. Umsatzsteuer		172,62
13	Ladenausstattung	5.496,00	
	u. Vorsteuer	879,36	
	an Verbindlichkeiten		6.375,36
14	Bank	1.600,00	
	an Kasse		1.600,00
15	Verbindlichkeiten	1.729,62	
	an Bank		1.729,62
	Verbindlichkeiten	92,80	
	an Bank		92,80
16	Privat	250,00	
	an Kasse		250,00
17	Forderungen	625,00	
	an Umsatzerlöse		538,79
	u. Umsatzsteuer		86,21
18	Fuhrpark	14.598,00	
	u. Vorsteuer	2.335,68	
	an Bank		16.933,68

9 Literaturverzeichnis

Arens, E., Straube, W., Trappe, H.-J.: Kaufmännische Buchführung, Einführung. Winklers Verlag 2002

Bohrer, R., Seemann, H., Huber A.: Grundlagen des betrieblichen Rechnungswesens, Band 1. Winklers Verlag 1994

Harter-Meyer, R., Krafft, D., Meyer, H.(Hrsg.): Wirtschaft 9/10, Länderausgabe M. Cornelsen Verlag 1994

Huber, A., Jahreis, M., Pritscher, J., Welzenbach, S.: Conto 7, Betriebswirtschaftslehre/Rechnungswesen, Realschule Bayern. Westermann Verlag 2001

Josse, G.: Buchführung aber locker! CC-Verlag, 2004

Nerl, J.: Training Realschule, Betriebswirtschaftslehre/Rechnungswesen 9. Klasse, Grundlagen und Aufgaben. Stark Verlag, 2003

Schmolke, S., Deitermann, M., Rückwart, W.-D.: Buchführung für kaufmännische Berufsschulen. Winklers Verlag 2003

Waltermann, A., Speth, H., Beck, Th.: Grundlagen der Buchführung und des Wirtschaftsrechnens. Merkur Verlag 2004

Europa-Fachbuchreihe für wirtschaftliche Bildung: Lernziel-Controller Grundlagen der Buchführung. Verlag Europa Lernmittel